Boschki / Schuster, Zur Umkehr fähig

Reinhold Boschki / Ekkehard Schuster

Zur Umkehr fähig

Mit Dorothee Sölle
im Gespräch

Matthias-Grünewald-Verlag · Mainz

Den starken Frauen:
Astrid
Ruth
Dorothee

Der Matthias-Grünewald-Verlag ist Mitglied
der Verlagsgruppe engagement

Die Deutsche Bibliothek - CIP Einheitsaufnahme

Boschki, Reinhold:
Zur Umkehr fähig : mit Dorothee Sölle im Gespräch / Reinhold Boschki/Ekkehard Schuster. - Mainz : Matthias-Grünewald-Verl., 1999
ISBN 3-7867-2205-6

Umschlag: Thomas & Thomas Design, Heidesheim
Foto: epd - Bild, Frankfurt a. M.
Satz: Kontext - Satz & Layout, Lemsel
Druck: Clausen & Bosse, Leck

ISBN 3-7867-2205-6

Inhalt

Zu diesem Buch

Die Bibel weiterschreiben, Ermutigungs- und Hoffnungsgeschichten sammeln, Spuren Gottes unter den Menschen lesen lernen - so faßt Dorothee Sölle ihre Arbeit zusammen, und darin sieht sie ihre Aufgabe. Eine solche Ermutigungsgeschichte - menschlich wie theologisch - war für uns die Begegnung und das Gespräch mit ihr, das hier als Buch vorliegt. Als Theologen und Pädagogen der noch jüngeren Generation suchten wir die in Hamburg lebende Schriftstellerin und Theologin auf. Wir wollten einer Frau näherkommen, die uns seit frühen Studientagen durch ihre Schriften, durch Begegnungen an Kirchentagen oder bei ihren Lesungen fasziniert hatte, und wir gingen bereichert an Überzeugung und Verstehen.
Der gedruckte Text gibt die warme und herzliche Atmosphäre der Gespräche in Hamburg und Tübingen kaum mehr preis, zu denen schwarzer Tee mit Sahne ebenso wie fröhliches Lachen gehörten. Der siebzigste Geburtstag von Dorothee Sölle im Herbst 1999 ist ein würdiger Anlaß, die Gesprächstexte zu veröffentlichen und einen weiteren Leserkreis in das Gespräch mit einzubeziehen. Fragen, Themen, theologische und literarische Impulse werden auch im neuen Jahrtausend ihre brennende Aktualität behalten und neue Dialogpartner finden.
Wir danken in erster Linie Frau Dorothee Sölle für die Zeit und die Worte, die sie uns geschenkt hat. Frau Gabriele Miller gebührt Dank für die Ermutigung, das Buchprojekt endlich fertigzustellen. Herrn Bruno Kern vom Matthias-Grünewald-Verlag danken wir für das verlegerische Interesse an den Gesprächen, Frau Tabea Schindler und Frau Ulrike Federle für ihre Hilfe bei der Erstellung des Manuskripts.

Reinhold Boschki und Ekkehard Schuster
Tübingen, im Frühling 1999

Spuren suchen

Frau Sölle, gleich zu Beginn eine grundsätzliche Frage: Für wen treiben Sie eigentlich Theologie?

DS: Das muß ich biographisch beantworten, und es klingt vielleicht überraschend: zuerst einmal für mich selbst. Das hängt damit zusammen, daß ich eigentlich nicht aus einem streng christlichen Elternhaus komme, sondern eher aus einem liberal-protestantischen. Viele religiöse Dinge wurden zu Hause mit Skepsis betrachtet, und diesen wollte ich gerne auf den Grund gehen. Das war für mich das Motiv, Theologie zu studieren. Simpel gesagt: Ich wollte gerne die Wahrheit wissen. In dieser Ausgangslage sind viele Menschen, die auch keine pietistische oder fundamentalistische Glaubensgewißheit mehr haben. Sie haben aber so ein ungenaues Gefühl, daß irgend etwas sein muß, so eine vage Religiosität. Und diese zu klären gelingt im Gespräch mit der Bibel; die Bibel muß ich da sofort mit erwähnen. Natürlich will ich eine Theologie nach der Aufklärung, eine Theologie, die dic Aufklärung voraussetzt. Das unterscheidet meine europäische Theologie sicher von manchen Theologien innerhalb der sogenannten „Dritten Welt". Ich fühle mich oft auch sehr verbunden mit der Ökumene, mit den Menschen, die an anderen Stellen der Welt leben. Manches von deren Theologie taucht bei mir wieder auf. Da bin ich so eine Art Briefträgerin. Das heißt vor allem, daß ich manche Briefe, die sonst verlorengehen, hier in die richtigen Kästen werfe. Das halte ich für eine wichtige Aufgabe. Dies hat mich aber zugleich der akademischen Welt immer mehr entfremdet. Diese Art der Ausbildung ist mir zunehmend problematisch geworden, auch die Abhängigkeit vom Staat. Der Sonderstatus, den die deutschen Kirchen haben, ist ja sicher etwas, das sich im nächsten Jahrtausend nicht lange halten läßt. Darauf muß man sich vorbereiten.

Einer Ihrer Buchtitel lautet: „Es muß doch mehr als alles geben". War das die Frage, die Sie, aus liberalem Elternhaus stammend, zur Theologie gebracht hat? Und wie steht es um diesen Wunsch nach Theologie angesichts der Tatsache, daß die Gottesfrage heutzutage als Frage oft gar nicht mehr wahrgenommen wird?

DS: Ja, das ist mir auch ganz unheimlich, wenn ich das so sehe. Heute ist jeder Hunger nach Gott eigentlich weg. Man ist so überfressen mit allem möglichen Zeug, daß der Gotteshunger gar nicht mehr auftaucht. Ob das denkbar ist, daß Religion völlig verschwindet? Oder haben wir eben nicht richtig hingeguckt, und die Gottesfrage steckt doch noch irgendwo - so wie Berdjajew einmal gesagt hat: „Der Mensch ist unheilbar religiös"? Das ist eine sehr schöne Ausdrucksweise, und ich bin überzeugt, daß sie ganz richtig ist. Wir sind so verwundet, daß wir ohne Religion eigentlich nicht leben können. Mir wird dies auch in der Gegenwart immer klarer. Das Wissen und die rationale Erkenntnis führen in einen tiefen Pessimismus, in eine tiefe Hoffnungslosigkeit. Und um hoffen zu können, braucht man noch etwas mehr: Man braucht tatsächlich eine Suche nach Veränderung, nach Gott. Ich glaube, daß das bei mir tatsächlich so kam, als ich nach dem Zweiten Weltkrieg aufwuchs. Wie man in meinem Elternhaus und dieser Generation insgesamt mit der deutschen Vergangenheit umging, empfand ich als unzureichend. Hitler war da so ein Verkehrsunfall in der Geschichte. Das war natürlich schrecklich, sagte man sich, aber jetzt ist ja alles wieder in Ordnung. Und das fand ich nicht ausreichend. Ich habe damals dann zum ersten Mal Dietrich Bonhoeffer gelesen. Meine Religionslehrerin forderte uns dazu heraus. Sie hat mir eigentlich erstmals ein ernsthaftes, philosophisch diskutierbares Christentum beigebracht. Sie war eine Bultmann-Schülerin und kam als ganz junge Frau zu uns. Ich fand es sehr gut, daß man den ganzen Ballast der Mythologie einmal weglegen konnte und erkannte, worum es eigentlich geht. Das hat mir sehr geholfen. Aber zusammenfassend muß ich sagen: Eigentlich bin ich in der Auseinandersetzung mit der jüngsten deutschen Geschichte, mit der deutschen Katastrophe, Christin geworden.

Wie ging Ihr theologischer Weg dann weiter?

DS: Ich bin sehr stark beeinflußt von Kierkegaard; er war eine meiner ersten Entdeckungen. Das, was man die Nachstellungen der Mittelmäßigkeit nannte, diese laue Bürgerlichkeit, diese Unentschiedenheit, hat mich ebenso geärgert wie Kierkegaard. Das war noch der Kierkegaard des „Entweder - Oder". Später waren dann „Die Krankheit zum Tode" und der Begriff Angst, ja die existentialistischen Grundbegriffe überhaupt für mich sehr wichtig.

Begannen Sie Ihr Theologiestudium unter diesen Vorzeichen?

DS: Nein, ich habe erst mit klassischer Philologie und Philosophie begonnen. Ich habe das Land der Griechen mit der Seele gesucht, aber an der Universität war es nicht zu finden. Und nach fünf Semestern bin ich in eine gewisse Krise geraten, die mit dem Entschluß, Theologie zu studieren, und mit einer Verlobung endete. Das hat mich eben dann weitergebracht, aber eigentlich bin ich immer noch, bis heute, ganz in dieser Suche begriffen. Ich habe sehr, sehr viel von Bonhoeffer gelernt, das ist die Gegenfigur gegen all die Halbheiten und Schwächen der traditionellen Theologie.

Wäre das, was Sie suchten, bei den Griechen überhaupt zu finden gewesen?

DS: Nun, ich liebte zum Beispiel Sokrates: dieses unendliche Fragen und Suchen. Außerdem ist sein Schicksal ja dem Schicksal Christi nicht so unähnlich. Das hat mich schon ungeheuer fasziniert. Es waren nicht so sehr die vielen Götter. Die habe ich mehr als eine Art ästhetisches Beiwerk hingenommen. Aber die griechische Philosophie faszinierte mich: die Ehrfurcht vor dem Leben, vor der Natur. Mir ist nicht ganz klar, warum ich Philosophie so anziehend fand. Mir fehlte an ihr nur das Praktische, so wie die Medizin das Krankenhaus hat und die Jurisprudenz das Gericht oder die Theologie die Kanzel, aber das gab es in der Philosophie nicht. Es gab nur Akademisches, und das hat mir nicht gereicht. Dennoch habe ich mich in der weiteren Zeit sehr gern philosophisch umgetan, ich habe weitergelesen.
Ich erinnere mich an einen weiteren Punkt meiner Schulzeit, der für mich in gewisser Weise wichtig wurde. Es gab damals eine Zeitlang eine Bewegung, die eine Zeitschrift namens „Die Antike" herausgab, und eine Lehrerin brachte mich in Kontakt damit. Die weitere Geschichte dieser Bewegung war wenig rühmlich. Sie haben sich mit den Nazis liiert. Das war so ein Neuansatz: Man suchte ein ganzheitliches Bild des schönen Menschen mit bestimmten antichristlichen Zügen, gegen dieses ganze Leidensgejammer bei den Christen. Der schöne Mensch, der ganze Mensch, der musische Mensch - das alles hat mich sehr angezogen. Aber von diesen idealistischen Vorstellungen fand ich dann innerhalb der Universität gar nichts wieder. Und irgendwie fehlte mir etwas am griechischen Geist, was für das Menschenbild wichtig ist.

War es vielleicht das Thema Umkehr, das für Sie so wichtig ist und das in der griechischen Philosophie nicht zu finden war?

DS: Das könnte sein, aber der Begriff ist mir erst später klar geworden. Diesen Begriff hatte ich damals noch gar nicht. Durch meinen Religionsunterricht, der sehr gut war und auf hohem Niveau, kam ich sogar in Kontakt mit Schriften von Heidegger. Ich mußte ein Referat halten über die ersten drei Kapitel des Römerbriefs. Nachdem ich fertig war, sagte meine Lehrerin, das sei ja ganz hervorragend. Ich erwiderte, sie solle jetzt erst einmal warten, das sei ja erst die Darstellung gewesen, die Kritik komme jetzt noch. Dann habe ich gesagt: Dieser Paulus hat ja keine Ahnung vom griechischen Menschenbild, dem *kalós agathós ánthropos,* also dem schönen und guten Menschen. Und was Sokrates wollte, das versteht dieser Paulus ja ganz und gar nicht. Das ganze Menschenbild bei Paulus ist so negativ. Ich weiß nicht, was ich noch alles gegen Paulus vorbrachte. Schon damals hatte ich viel von den Existentialisten gelernt, auch von Sartre, der in jener Zeit nach Köln kam. Damals war ich noch Schülerin. Das war ungeheuer stark, wie der dachte, gerade die radikale Ehrlichkeit. Das hat mich immer sehr fasziniert an Sartre, und das war ein Lichtschimmer im Dunkel jener Nachkriegszeit.
Damals begann eine philosophische Diskussion über Heidegger und den Existentialismus, nicht so sehr über Heideggers Nazi-Sein. Das kam erst später, es war zu sehr verdrängt. Ich hatte „Sein und Zeit“ gelesen und in meinen ersten Semestern der klassischen Philosophie viel daraus gelernt. Meine Anfragen richteten sich mehr gegen den späten Heidegger. Was er da schrieb, war mir etwas zu mystisch und unklar.

Was war denn das Besondere an Heidegger, und warum wurde er damals mit solcher Begeisterung gelesen?

DS: Ich habe Heidegger von Kierkegaard aus gelesen. Kierkegaard ist sicher ein geistiger Vater von Heidegger mit dessen Grundbegriffen wie Angst, Sorge, Geworfen-Sein. Gerade Letzteres, das Geworfen-Sein, konnte ich existentiell nachfühlen. Man wird irgendwo reingeworfen, wacht auf und stellt fest, man ist Deutsche, Frau, irgendwelche Unglücke kommen über einen, an die man vorher gar nicht gedacht hat. Das sind ja elementare Ausdrücke für diesen Gedanken. Ich habe mir meine Eltern nicht ausgesucht. Das hat schon auch seine biographische Färbung.

Und bei Sartre faszinierte Sie eher der politische Aspekt?

DS: Sartre hat mich zuallererst gepackt durch seine Suche nach *sincérité,* nach Wahrhaftigkeit, nach Aufrichtigkeit, und dann durch sein Buch „Der Ekel", das ich sehr gut fand. Da waren sicher auch jugendliche Stimmungen am Werk, für die man eine Sprache braucht, um sie verstehen zu können. Eine weitere Stelle bei Sartre, an die ich mich erinnere, ist die, wo er über die radikale Ehrlichkeit, Authentizität schreibt. Er beschreibt dort eine Frau, die eine Verabredung mit einem Mann hat, und sie geht ganz spielend dort hin und weiß nicht genau, was sie will. Das analysiert er dann - eine geradezu klassische Frauensituation, wie die Frau das für sich selbst alles offen läßt und nicht weiß, was sie will. Er analysiert beißend scharf, daß das die reine Heuchelei ist. Sie könnte durchaus wissen, was sie will. Ich fühlte mich da sehr getroffen von dieser fast naiven Offenheit einer Begegnung gegenüber dem Leben. Wie Sartre dies nur als Unwahrhaftigkeit desavouieren konnte! Merkwürdig - Sartre hat auf mich einen sehr starken Eindruck gemacht, bis in sein spätes Alter. Es gibt ein Foto, da sieht man den alten, blinden Sartre die kommunistische Zeitung „La cause du peuple" auf der Straße in Paris verkaufen. Die jungen Leute werden verhaftet, sagte er, wenn sie das verkaufen, und wenn ich dabei bin, dann werden sie eben nicht verhaftet. Unglaublich gut. Oder die Zurückweisung des Nobelpreises - wer macht denn sowas?

Sind das die Sie prägenden Gestalten: Bonhoeffer, Kierkegaard, Heidegger, Sartre?

DS: Für meine Jugend würde ich das schon sagen. Also Heidegger - ich war zwei Semester in Freiburg und war dann auch in Heideggers Seminar, nicht an der Uni, sondern in Todtnauberg. Da waren Leute dabei, die sich unterdessen völlig anders entwickelt haben. Hermann Lübbe war dabei, Odo Marquard, dessen Reden ich entsetzlich finde, oder Karlfried Gründer. Auch Ernst Tugendhat war dabei. Die meisten waren etwas älter als ich, und wir guckten so ein bißchen zu denen empor. Ich war mit einer Freundin zusammen, es war eine sehr schöne Zeit. Das war aber noch die Zeit vor dieser einschneidenden Krise. Dann bin ich nach Göttingen gegangen, um Theologie zu studieren, und dort war mein Lehrer Friedrich Gogarten.

Ihr Buch „Die Wahrheit ist konkret" (Freiburg 1967) widmen Sie „Gogarten, meinem Lehrer".

DS: Es ist merkwürdig, ich habe sehr sehr viel von ihm gelernt, aber inhaltlich ist da überhaupt keine Kontinuität mehr. Hin und wieder werde ich als Gogarten-Schülerin bezeichnet. Das stimmt natürlich materialiter, aber ich habe mich später sehr wenig auf seine Gedanken bezogen. Drei Jahre habe ich bei ihm studiert. Was ich vor allem von ihm gelernt habe, ist das Denken. Wie er mit Menschen und mit Theologie umging, war faszinierend für mich. Damals war „Eschatologie" das Hauptmodewort, es schwirrte überall herum. Gogarten konnte bisweilen sehr ironisch werden und sagte einmal: Eschatologisch - da stelle ich mir immer so eine Wurst vor, die gar nicht aufhört. Damit war die ganze Luft aus dem Begriff draußen. Er konnte ungeheuer scharf sein im Gespräch, wenn ihn jemand etwas fragte, konnte er ihn fertigmachen. Aber nach eineinhalb Stunden Seminar, in dem zweihundert oder dreihundert Studenten saßen, konnte er dann plötzlich sagen: „Das haben Sie, glaube ich, vorhin gemeint, als Sie diese merkwürdige Frage stellten." Dann zog er diesen armen Menschen, den er da vorher fertig-

gemacht hatte, wieder hervor und hatte das alles im Kopf behalten. Er lebte einen richtig starken Personalismus.
Gogarten hat mich auf Martin Buber hingewiesen; so kam ich in Beziehung zu Buber. Später bin ich einmal, als ich in Israel war, mit einem Gruß von Gogarten zu Buber gekommen. Und dieser Personalismus drückte sich bei Gogarten so aus, daß er jeden Montagabend einen Studenten oder eine Studentin zu sich einlud. Das war ein echtes Ritual. Man hatte mit Frau und Töchtern zu Abend gegessen und ging dann anschließend in sein Arbeitszimmer. Er stopfte seine Pfeife und schwieg. Und dann mußtest du etwas fragen, was dir auf dem Herzen lag. Das kann man sich heute gar nicht mehr recht vorstellen. Mein Mann lädt auch seine Studenten ein, aber immer in größeren Gruppen. Damals, bei Gogarten, war da ein ganz eigenartiger Stil, diese Ich-Du-Beziehung. Vielleicht ist der Personalismus das Stärkste, was ich von meinem Lehrer übernommen habe.

Und was haben Sie von Martin Buber gelernt?

DS: Das gegenseitige Auf-sich-angewiesen-Sein geht ja sehr stark auf Buber zurück, und daß die Du-Es-Beziehung eine andere ist als die Du-Ich-Beziehung. Wenn dies aber verwechselt wird – was leider häufig der Fall ist, wenn ich einen anderen Menschen benutze –, so wird die Du-Ich-Beziehung zerstört. Daraus habe ich viel gelernt, auch das Motiv der gegenseitigen Abhängigkeit. Später dann, in der Feministischen Theologie, wo dies eine zentrale Rolle spielt, nannten wir es „mutuality“, Gegenseitigkeit. Und das gilt meiner Ansicht nach auch für Gott: Gott braucht uns, und wir brauchen Gott. Beides gehört zusammen, und dies hat auch seinen personalistischen Kern.
Eine Freundin von mir, Carter Heyward, hat ein sehr schönes Buch über die Feministische Theologie und ihren Kern, nämlich die Gegenseitigkeit und die Beziehung, geschrieben. Zur

deutschen Ausgabe habe ich das Vorwort verfaßt. Carter Heyward denkt auch sehr personalistisch und grundsätzlich in Gegenseitigkeiten, in Beziehungen. Ein Gott, der keine Beziehung braucht, ist eben kein Gott.

Dies trifft nur das patriarchalische Gottesbild, das Sie und andere feministische Theologinnen scharf kritisieren?

DS: Ja, das ist für mich der Kern der feministischen Kritik am Patriarchat, nämlich das Nicht-Brauchen, das Unabhängig-Sein, die Vorstellung des *lonely hero*. Diese Vorstellung vom Menschen steckt vor allem in Männerköpfen. Vor einiger Zeit kam eine Fernsehanstalt auf mich zu und wollte einen Film machen, und man hat mich beschwatzt mitzumachen. Es geht um biblische Gestalten. Walter Jens hat etwas zu Pilatus gemacht, Pinchas Lapide zu Kajaphas, dann noch etwas über Judas, jetzt wollten sie etwas über Maria machen. Ich habe lange darüber nachgedacht, ob ich Maria Magdalena oder Maria, die Mutter Jesu, nehmen sollte. Ich habe mich dann aber für Maria, die Mutter Jesu, entschieden, weil sie mich noch mehr interessiert. Aber als ich darüber nachdachte, wurde mir klar, daß die Form, in der die Fernsehleute das wollten, sehr problematisch ist. Man wollte eine Schauspielerin einen Monolog von einer halben Stunde Dauer sprechen lassen. Und das geht bei Maria gar nicht, weil sie so sehr Beziehung ist. Zwar ist da auch ein bißchen Action vorgesehen gewesen wie in dem Film über Pilatus, der sich vor seinen geschichtlichen Anklägern zu rechtfertigen hatte. Doch für Maria wollten sie nur eine Schauspielerin haben, und das geht bei ihr einfach nicht. Sie ist immer mit jemandem zusammen, mit Elisabet, mit dem Engel, mit ihrem Sohn. Sie ist also ständig in Beziehungen und tritt ganz anders auf als Judas oder Pilatus, als so ein männlicher Held. Das ist essentiell etwas Anderes.

Bevor Sie sich feministischen Themen zuwandten, war die Zeit der Politischen Nachtgebete. Wie kam es zu dieser Politisierung Ihrer Theologie?

DS: Ein tiefer Einschnitt in meinem Leben war das Scheitern meiner ersten Ehe, biographisch wie theologisch. Ich habe dann die „Hinreise“ geschrieben, und zwar gerade weil wir in diesem Prozeß der Auseinandersetzung mit Kierkegaard und dem Existentialismus und durch die Aufarbeitung der Nazi-Zeit eben erst gemeinsam zu Christen geworden waren. Und um so furchtbarer war es dann, daß meine Ehe scheiterte. Das hat mich lange Jahre gekostet. Aber aus dieser Krise heraus begann ich, ein radikales Christentum zu denken und zu leben, und dies führte dann auch zu den Politischen Nachtgebeten.

Sie erwähnen die Aufarbeitung der Nazi-Zeit. Wie haben Sie in Ihrer Kölner Zeit nach 1945 und später diese Auseinandersetzung betrieben?

DS: Ich habe die Nachkriegszeit für mich einmal als „Aufwachen“ beschrieben. Es war die politische Nötigung, sich mit der Nazi-Zeit auseinanderzusetzen, also auch mit dem Bürgertum, aus dem ich stammte. Als ich zum ersten Mal erfuhr, daß die SS-Leute auch Schubert spielten, wenn sie nach Hause kamen, war ich erschüttert, weil Schubert für mich der Inbegriff meines Elternhauses war, der Inbegriff von Kultur. Ich habe drei ältere Brüder, und wir haben Musik gemacht, das gehörte einfach dazu, das war die Seele der Sache. Wenn man sich das so klar macht! Das ist auch so in Steven Spielbergs Film „Schindlers Liste“: Einer der SS-Schergen spielt inmitten der Vernichtung eines Gettos Bach auf dem Klavier. Da merkte ich, daß irgend etwas nicht stimmen kann, irgendwie muß man das anders fassen. Die deutsche Kultur ist nicht unberührt, nicht unschuldig. Sie kann nicht so tun, als ob sie mit den Nazis und ihren Verbrechen nichts zu tun hätte.

Im Jahr 1950 las ich dann das Tagebuch der Anne Frank. Ich bin der gleiche Jahrgang wie Anne und konnte mich ungeheuer mit ihr identifizieren - allein der Unterschied, daß sie schon fünf Jahre tot war, als ich die erste Ausgabe ihres Tagebuchs in der Hand hielt. Anne Frank fühlt und denkt und hofft gegen den Alltag und gegen die allgegenwärtige Angst. Ich hatte das Gefühl, daß jeder Satz, den sie schreibt, den Mördern entzogen und dem Leben zurückgegeben ist. In den folgenden zehn Jahren trieb mich immer wieder die Frage um, wie das geschehen konnte, was die Nazis anrichteten. Und mit mir stellten sich meine Freunde und eine ganze Generation junger Leute dieselben Fragen. Unsere Eltern - waren sie auch beteiligt? Unsere Lehrer? Unsere Tradition? Hatte Martin Luther etwas damit zu tun? Wagner, Nietzsche, Heidegger? Doch um uns herum spürten wir die Verdrängung, die sich bis zur Verleugnung des Geschehenen steigern konnte, oder wenigstens die Verleugnung, etwas gewußt zu haben. Wir ärgerten uns darüber, aber es blieb auch eine starke Sensibilisierung zurück. So wurden wir für gesellschaftliche Themen und Politik sensibel.

Führte das direkt zu den „Politischen Nachtgebeten"?

DS: Die politische Lage spielte natürlich mit hinein, es war in den sechziger Jahren. Doch es gab noch einige Umwege. Das Judentum wuchs immer mehr in mein Denken hinein. Ich hatte schon Buber besucht, und diese erste Reise von Deutschland aus nach Israel stand unter ungeheuren Belastungen. Zehn Jahre später war ich wieder in Israel zu einer Tagung von Katholiken, Protestanten und Juden, eine theologisch-philosophische Tagung. Am Abend waren wir in so einem seltsamen Hospiz, wo es nichts zu trinken gibt, und ich befand mich mit drei Männern auf einem Zimmer. Sie hatten Schnaps dabei, und den tranken wir recht fröhlich. Da stellte sich heraus, daß die drei Mönche waren! Solche Leute hatte ich in meinem Leben noch nie näher betrachtet, und

einer davon war Fulbert Steffensky, mein späterer Mann. Er hatte auf einer anderen Reise ebenfalls schon Martin Buber besucht. Inzwischen war Buber jedoch gestorben. Fulbert sagte, dann gehen wir morgen zum Grab von Buber, und so fing das alles an. Buber war also unser „Schadchen", wie man im Jiddischen sagt, unser *matchmaker,* unser Heiratsvermittler.
Mein Interesse für das Judentum wuchs immer mehr, zwar langsam, aber insbesondere der frühe Buber mit seinem „Ich und Du" war wichtig. Ich war Religionslehrerin geworden und habe viele Dinge, die ich an der Universität gelernt hatte, ausprobiert, getestet, ob sie auch im Unterricht trugen. Und in meinem kleinen Büchlein „Die Wahrheit ist konkret" habe ich einige dieser Schulerfahrungen verarbeitet. Wir haben Brecht gelesen, Bibelauslegungen gemacht und vieles andere. Das war eine schöne Zeit. Sie war zwar nicht ganz einfach - da waren die Kinder, und die Schule war auch nicht ganz leicht -, aber es war eine sehr produktive Zeit. Ich habe lange Zeit einen sehr innigen Kontakt mit Leuten aus der Klasse gehabt, die ich damals zum Abitur führte. Ich habe das sehr gern gemacht, doch als ich das dritte Kind bekam, wurde es zuviel.

Bekannt geworden sind Sie auch durch die „Politischen Nachtgebete".

DS: Der neue, politische Anstoß kam dann eigentlich von einer kleinen Gruppe, dem ökumenischen Arbeitskreis in Köln. Da waren evangelische und katholische Theologinnen und Theologen, aber auch theologisch interessierte Laien dabei. Dabei waren zum Beispiel Marie Veit, eine protestantische Lehrerin, und Vilma Sturm, von der eine sehr schöne Paraphrase der Seligpreisungen stammt, und hinter allem schwebte Heinrich Böll. Er war selbst nicht direkt in der Gruppe, aber wir haben ihn öfter besucht. Das war eine sehr gute Gruppe, sie hieß zuerst ökumenischer Arbeitskreis. Wir trafen uns regelmäßig, um über das Glaubensbekenntnis zu diskutieren. Gleichzeitig ging der Vietnamkrieg immer weiter, und uns wurde klar, daß wir uns nicht nur theoretisch mit theologischen Fragen beschäftigen durften, sondern daß diese Beschäftigung in eine Art Praxis münden muß.

So haben wir noch vor den Politischen Nachtgebeten eine Prozession gemacht: „Vietnam ist Golgotha". Wir sind durch Köln gezogen und wußten nicht, ob das eine Prozession oder eine Demonstration oder ein Go-in war oder was auch immer, irgend etwas Derartiges war es jedenfalls. Dann bekam die Politik immer größeres Gewicht, was schließlich zu den Nachtgebeten führte. Dieser Kreis hat mich geformt und getragen, die enge Zusammenarbeit war sehr wichtig für mich. Ich habe damals auch viele politische Gebete geschrieben. Die ganze Aktion war sehr interessant und schlug Wellen weit über Köln hinaus. Wir hatten oft Experten dabei, die bestimmte politische Themen aufgriffen wie Städtebau, Kapitalismus, Schule, Diskriminierung der Frau, Krieg, Ungerechtigkeiten in den Entwicklungsländern. Zu diesen Nachtgebeten kamen Leute, die seit Jahren nicht mehr in der Kirche gewesen waren. Sie sagten so etwa: Was ihr hier macht, finden wir prima, aber laßt uns doch mit diesem religiösen und theologischen Zeug in Ruhe. Doch ich sagte, so geht das nun auch nicht. Wenn du hier mitmachst, dann mach' ganz mit! So haben wir diskutiert, und dann sagte ich: Ich schreibe jetzt mal ein Gebet für euch. Schaut euch das mal an, ob ihr das sprechen könnt, ohne euch zu verrenken. Und dabei habe ich die schöne Erfahrung gemacht, daß diese Leute ganz begeistert sagten: Das ist ja genau das, was wir meinen. Es ist nur ganz anders ausgedrückt, in einer anderen Sprache. Wir hatten immer meditative Elemente dabei, entweder biblische Texte, Gebete oder Lieder. Mehr und mehr wuchsen wir zusammen, und es kam zu einem echten Gespräch zwischen Nichtchristen und Christen. Es war eine Ökumene unter Katholiken, Protestanten und Nachchristen - Postchristen würde man heute wahrscheinlich sagen. Das alles war sehr sehr produktiv.

Wie ging die Diskussion aus? Ging es mehr um politische oder religiöse Themen?

DS: Das ließ sich für uns nicht trennen. Dadurch, daß wir einige Grundthemen hatten wie den Vietnamkrieg oder die Zerstörung der Kölner Innenstadt durch den Wiederaufbau im Interesse der Banken, hatten wir so viel gemeinsamen Boden, daß wir uns nicht über Religion streiten mußten. Eines der schönsten Erlebnisse für mich ereignete sich im Zusammenhang mit dem Thema „Stadtplanung - Herrschaft des Kapitals“ . Wir hatten zwei junge Architekturstudenten, die sehr gut darüber referierten. Dazu hatten wir einen Text aus Jeremia ausgesucht: Weh denen, die Acker an Acker reihen, bis kein Platz mehr da ist und alles aufkaufen - ein Text über Grundstückspekulation. Nach dem Referat lasen wir dann diesen Text vor. Die zwei Studenten, die der Religion etwas ferner standen, und die anderen waren vollkommen begeistert. Und ich, in protestantischer Tradition aufgewachsen, hatte gelernt: Wir hören Gottes Wort, und dann legen wir es aus. Zuerst ist das Wort da oben und dann kommt es hier runter. Jetzt aber hatten wir es umgekehrt gemacht. Wir hatten ja den Kontext entwickelt, wie man dann später in der Befreiungstheologie sagt, und zwar ziemlich genau, auch analytisch, und nahmen den Text dann in den Kontext. So brauchten wir überhaupt keine Interpretation oder Predigt mehr. Das protestantische Urding, die im Nachhinein reflektierende und interpretierende Predigt, erübrigte sich, weil vorher die Sache schon so klar war, daß der Text ganz unmittelbar sprach. Ich meine, das war eine Sternstunde. Nicht alles war so gut, aber das war sehr, sehr schön. Ähnliches haben wir später noch öfter erlebt. So trat die Predigt, also dieses mühsame Anpredigen, sehr stark zurück, wir brauchten das gar nicht.

Haben Sie damals mehr Gebete oder Gedichte geschrieben?

DS: In jener Zeit waren es mehr Gebete. Ich wurde aufgefordert, Gebete zu schreiben. Aber meine poetische Entwicklung ist eine lange Geschichte. Als junges Mädchen, als ich in die Pubertät kam, hatte ich das erste Mal ein Gedicht geschrieben.

Es gibt also Jugendgedichte der Dorothee Sölle?

DS: Die gibt es, glaube ich, nicht mehr, aber sie gab es. Als junge Erwachsene schrieb ich dann weniger Gedichte. An der Universität wird einem so etwas ja auch ausgetrieben, jedenfalls habe ich es so erlebt. Durch das Germanistikstudium wurde ich kritischer, auch selbstkritischer und anspruchsvoller. Jedoch habe ich eigentlich nie ganz aufgehört, Gedichte zu schreiben, das war immer so eine Nebensache. Erst in der Nachtgebetszeit habe ich durch die Aufforderungen, auch einmal Gebete zu formulieren, verstärkt damit angefangen. Diese Gebete waren anders als die frühen Gedichte, auch durch den Druck der Gruppe, die sagte: Mach das mal, du wirst hier jetzt die Schreiberin. Und so war ich dann immer wieder mit Dingen beschäftigt, die ich formulieren wollte.
Poetisch hat mir dabei, aber auch schon zuvor, Bert Brecht am meisten geholfen. Wenn man meine Gedichte ansieht, ist das nicht schwer zu erraten. Als junges Mädchen hatte ich Rilke geliebt, und Brecht war eine ungeheure Befreiung für mich. Der prosaische Ton, der zugleich etwas sehr Poetisches hat - prosaisch natürlich durch die Reimlosigkeit, dann die starke Betonung des Rhythmus, die sich daraus ergibt, aber auch die Kürze der Formulierung -, das hat mir sehr geholfen. Brecht war einer der stärksten Einflüsse für mich, um meine eigene Stimme, meine lyrische Stimme zu finden. Ich habe auch sonst viel von Brecht gelernt. Als

junge Lehrerin war ich an einer katholischen Mädchenschule, wo man Gertrud von Le Fort las, Wiechert und Bergengruen, also die christliche Literatur. Dort habe ich dann Brecht eingeführt, was damals natürlich noch sehr umstritten war. Die Schulleitung war erstaunt über mich, aber sie trugen es mit Fassung, und sie kannten Brecht auch nicht so genau.

Daran ist mir dann eben auch so manches klarer geworden. Ich erinnere mich daran, daß ich mit meinen Schülerinnen die Geschichte von der unwürdigen Greisin las, worüber ich auch später in „Phantasie und Gehorsam" geschrieben habe. Die Schülerinnen kamen aus einer richtig katholischen Gegend, aus dem Bergischen Land. Die Mädchen trugen an unserer Schule noch sehr viel länger Zöpfe als die Mädchen in der Stadt. Ich weiß noch ganz genau, daß sie sofort gespürt hatten, daß Brecht eine Herausforderung darstellt an diese ganze Welt der selbstlosen Frau, die sich opfert und nichts für sich haben will, also an ihre Mütter und Großmütter.

Brecht hat mich befreit aus der Welt zwischen Rilke und Trakl und was es da sonst noch so gab. Die Gedichte von Ingeborg Bachmann habe ich später auch sehr geliebt, sie sind großartig. Aber als ich ihre Gedichte kennenlernte, hatte ich meinen Weg schon gefunden.

Befreiende Theologie – politisch und feministisch

Sie haben Ende der sechziger Jahre zusammen mit anderen begonnen, eine Politische Theologie zu denken und zu leben. Wo ist sie heute zu finden? Etwa in der Feministischen Theologie?

DS: Ja, ich glaube, daß in der Feministischen Theologie am meisten von diesem kämpferischen, nicht nur individualistischen Denken und Handeln aufgehoben ist. Das hängt wohl mit der objektiven politischen Lage zusammen, aber auch mit der heute gängigen Reduktion aller menschlichen Probleme auf die Psyche des Menschen. Die Psychologie hat heute in unserem Denken eine ungeheure Vormacht, zur Lösung aller Probleme wird die Psychologie bemüht. Das fällt mir besonders auf, wenn ich Predigten von jüngeren Pfarrern höre. Die jüngere Generation hat zum Teil wirklich nichts im Kopf als die Frage „Geht's mir gut dabei?" und „Wie fühle ich mich denn heute?" Und dies wird in einer bedenklichen Verengung der Realität auf alle biblischen Erfahrungen projiziert.

Das ist ein Beitrag zur Zeitdiagnose, Ihre Kritik der Psychologiegläubigkeit gerade in Theologie und Kirche. Dabei heißt es bereits in einem Ihrer frühen Gedichte: „Erzähl mir nichts von deinen Identitätskrisen, hör auf mit dem Psychogeklimper auf der Gitarre", sondern „spiel doch von Brot und Rosen". Worin sehen Sie die besondere Blickverengung durch die Psychologie?

DS: Zunächst einmal ist es nicht Sozialpsychologie, die hier betrieben wird, sondern Individualpsychologie, oft sogar in einem extrem individualistischen Sinn. Andere Probleme als individuelle werden dabei oft gar nicht wahrgenommen. Ein Beispiel: Vor kurzem hatte ich mit einer Studentin ein Gespräch, die gerade ein Märchenseminar an der Universität belegte. In diesem Seminar ging es um „Hänsel und Gretel". Sie stellten dabei fest, daß die Hexe natürlich die Mutter ist, die ihre Kinder los haben will. Ich fragte sie: Ja habt ihr denn auch über den Hunger gesprochen? Doch dieses gesellschaftliche Problem, die Armut jener Familie und der Hunger der Kinder, kam überhaupt nicht vor. Das geht doch nicht! Die Zeit des Mangels und der Lebensbedrohung ist so weit von der Erfahrungs- und Gedankenwelt der jungen Menschen hierzulande entfernt, daß einem diese Problematik gar nicht auffällt und daß man sich jene unglücklichen Menschen nur vorstellen kann als einander hassende. Daß es dafür reale Gründe geben kann, die Kinder auszusetzen, das kommt gar nicht mehr in den Blick. Das ist ein einfaches Beispiel, aber ich leide sehr darunter, wie heute überlegt und gedacht wird. Gerade über Märchen gräbt man sich in unendliche Tiefen der einzelnen Seele ein, aber die realen Verhältnisse werden überhaupt nicht mehr reflektiert. Das finde ich äußerst problematisch.

Ich habe einmal frecherweise geschrieben: Psychologie ist das Opium der Mittelklasse. Heute bringt die Religion ja gar nichts im Vergleich zu diesem viel besseren Opium, dem viel professionelleren. Man rennt von Therapie zu Therapie. Und mich erschreckt, wie ungeheuer abhängig sich die Menschen von dieser Art von Opium machen.

Doch um auf den Begriff „Politische Theologie" zurückzukommen: Ich hatte diesen Begriff zunächst auch benutzt, ein ganzes Buch heißt so. Ich war aber immer ein bißchen unglücklich mit ihm. Zum einen, weil der Begriff von Carl Schmitt stammt, diesem alten Nazi-Vater. Dann aber auch wegen seiner Vieldeutigkeit. Es ist ja ein formaler Begriff. Die Apartheidstheologen haben auch eine politische Theologie. Politische Theologie ist also ein Begriff, der nicht schon von sich aus sagt, in welche Richtung es geht.

Deshalb war ich ungeheuer dankbar, als Anfang der siebziger Jahre das Buch „Theologie der Befreiung" von Gustavo Gutiérrez erschienen ist - bemerkenswerterweise in der Dritten Welt entstanden. Ich hatte das Gefühl: Das ist es! Das ist es, worüber wir immer reden, und ich hatte nur noch nicht das richtige Wort dafür. Ich spreche jetzt lieber von Befreiungstheologie und frage mich immer wieder, wo eine europäische Befreiungstheologie auszumachen ist. Gibt es sie überhaupt? Die stärksten Ansätze dazu sind in der Tat in der Feministischen Theologie zu finden. Sie ist die lebendigste Befreiungstheologie, wenn ich das richtig sehe.

Und die sogenannte „neue Politische Theologie" ?

DS: Ich glaube nicht, daß das, was die Politische Theologie will, vollständig verschwunden, zerstört ist. Ich habe ziemlich lange in der Friedensbewegung gearbeitet und fand dort auch eine Art Basistheologie, die sich bildete. Und zwar gerade in Deutschland. Das ist ein sehr deutsches Phänomen. In keinem anderen europäischen Land ist das in dieser Radikalität vor sich gegangen, und auch nicht mit dieser tiefen Überzeugung: Nie wieder! Nie wieder Krieg und Zerstörung, nicht noch zum dritten Mal in diesem Jahrhundert, wir haben genug davon. Es war eine wirkliche Umkehr, die man da politisch erleben konnte. Sie ergriff auch alte Menschen, die noch erlebt hatten, was geschehen war, und sie fragten sich, warum sie damals eigentlich mitgemacht hatten. Diese Menschen zogen Konsequenzen daraus. Ich glaube nicht, daß eine solche Bewegung völlig weg ist, sie ist vielleicht im Augenblick überlagert und wird im Moment nicht so sichtbar. Aber ich denke, daß diese Kräfte weiterhin vorhanden sind. Zum Beispiel bei den Menschen, die anders leben wollen, bei denen, die verstanden haben, daß Frieden sich auf Gerechtigkeit gründen muß, was eine andere Weltwirtschaftsordnung erfordert.

Ich weiß, daß die Befreiungstheologie schlecht dasteht. Sie hat an den Universitäten ja überhaupt kaum Platz bekommen, jedenfalls hierzulande. Johann Baptist Metz ist eigentlich ein einzelner Mann, und wenn man einmal Metz, Jürgen Moltmann und mich ausnimmt - die eine ist eine Frau und hat eh' nichts zu sagen an der Universität -, dann sind es allenfalls Einzelgänger. Ja, das ist die Realität. Moltmann hat seine Wirkung sicher sehr viel stärker in der Ökumene gehabt als zu Hause in der protestantischen Theologie. Diese Wirkungsgeschichte ist sehr schön und bedeutend, aber es ist einfach zu wenig. Es ist keine Schule von Theologen entstanden. Daneben gibt es natürlich eine ganze Reihe von Gruppierungen, und es ist auch wichtig, an ihnen festzuhalten. Aber wie stark sind sie? Vor Jahren hat man schon gesagt, die Befreiungstheologie sei passé, sie gehöre abgeschafft. Darüber braucht man sich zum Glück keine Sorgen mehr zu machen. Ich bin sicher, daß es auch in Lateinamerika weiterhin an ganz vielen Stellen befreiungstheologische Initiativen geben wird.

In Lateinamerika hat sich im Gegensatz zu Europa befreiungstheologisches Denken immerhin sogar an Bischofssitzen in gewissem Maß ausgebreitet.

DS: Ja, sogar in der katholischen Hierarchie, das denke ich auch. Der protestantische Weg ist da ein etwas anderer. Ein Stichwort, das wir damals im „Politischen Nachtgebet" hatten, war die „Politisierung des Gewissens". Dieses Stichwort war sehr wichtig für uns, weil wir das Gefühl hatten, daß ein individualistisch verengtes Gewissen mit einem entsprechenden Sündenverständnis nur neurotische Schuldgefühle erzeugt, aber sonst eigentlich gar nichts. Es führt zu keiner Umkehr und zu keiner wirklichen Erfahrung von dem, was ist und was vor uns liegt.
Mein Eindruck ist, daß die Politisierung des Gewissens ziem-

lich weit vorangekommen ist, wie man etwa auf den Kirchentagen sieht. Oder an der aktuellen Schuldenerlaßkampagne - die wäre nicht denkbar ohne Schuldgefühle gegenüber der Dritten Welt angesichts des Finanzgebarens der Reichen. Diese politischen Schuldgefühle sind massiv da, wie sich noch an den Versuchen in der entwicklungspolitischen Diskussion erkennen läßt, die armen Länder für ihr Schicksal selbst schuldig zu sprechen. Daß es überhaupt notwendig ist, diese Schuldgefühle zurückzuweisen und sie als unberechtigt darzustellen, finde ich ganz interessant. Es hat eine wichtige Bedeutung, daß es diese Schuldgefühle gibt. Das ist ein gutes Zeichen dafür, daß tatsächlich ein Stück Politisierung des Gewissens stattgefunden hat, auch in den großen Institutionen karitativer Art wie „Misereor" oder „Brot für die Welt". Wenn diese Einrichtungen Gottesdienst-Vorschläge oder andere Papiere herausgeben, ist relativ klar, welche Art von Analyse das ist und auch welche Theologie da herrscht, nämlich im Grunde eine befreiungstheologische.

Auch bei den Kirchentagen finde ich immer noch sehr viel befreiungstheologisches Gedankengut - sicher lange nicht genug. Aber immerhin - es ist keinesfalls so, daß man sich einreden lassen müßte, das sei nun alles passé und mit dem Zusammenbruch des östlichen Staatssozialismus weg vom Fenster. Diese Ansicht halte ich in dieser Form für falsch. Überhaupt halte ich diese These, die uns von der extremen Rechten entgegengehalten wurde, schlichtweg für absurd, wir politischen Theologen ließen uns im Interesse des Weltkommunismus instrumentalisieren. Das ist genau umgekehrt: Wir haben Teile des Kommunismus oder Teile der kommunistischen Lehre, die uns sinnvoll erschienen, instrumentalisiert im Interesse der Mission, im Interesse Jesu Christi. Wir haben ein bereitliegendes Instrument der wirtschaftlichen Analyse in die Hand genommen und damit zu arbeiten versucht. Wir haben dabei versucht, eine neue Gestalt des Glaubens zu deklinieren. Und das ist etwas ganz anderes. Ich fühle mich überhaupt nicht benutzt oder instrumentalisiert. Das Christentum hat eigentlich nur das gemacht, was es immer gemacht hat. Thomas von Aquin hat ja bekanntlich auch Aristoteles „instrumentalisiert“. Genau dasselbe wurde in der Theologie der Befreiung auch gemacht.

Sie denken dabei sicher auch an die Bewegung „Christen für den Sozialismus“, an der Sie einige Zeit teilhatten.

DS: Natürlich, auch sie gehören zu den Gruppierungen von Christen, die befreiungstheologisch denken und arbeiten. Wobei man natürlich über Schattierungen innerhalb dieses Lagers noch reden kann. Das ist keineswegs einheitlich. Ganz erstaunlich ist es im Rückblick festzustellen, daß fast zur selben Zeit in Lateinamerika, in Südafrika, in Südkorea, ja im Grunde genommen in der ganzen armen Welt an den Stellen, wo Christen sich engagierten, und wo sie deshalb litten oder gar ermordet wurden, eine andere Theologie angesagt war. Das ist keine akademische Sache von Leuten gewesen, die sich irgend etwas Neues ausdenken wollten.

Und wenn man in die Gegenwart des Christentums blickt?

DS: Was man, glaube ich, sehen kann, ist eine Art Polarisierung zwischen der befreiungstheologisch-kritischen Linie oder auch der liberalen Linie gegenüber der sich zunehmend verhärtenden, fundamentalistisch-biblizistisch oder hierarchiegläubigen Linie. Das sehe ich schon. Was mich daran am meisten beunruhigt, ist eigentlich das öffentliche Bild des Christentums. Ich habe das Gefühl, daß mir in den Medien der Raum genommen, der Boden, auf dem ich stehe, unter den Füßen weggezogen wird. Das Christentum wird nur auf eine ganz bestimmte Art und Weise dargestellt. Ich übertreibe jetzt ein bißchen, aber es erscheint bisweilen wie ein fundamentalistischer „Schwachsinn“. Jeder Kuß des Papstes auf die Erde wird gefilmt, aber was wirklich geschieht an Umkehrereignissen, kommt in den Medien oft gar nicht vor. Von Freunden aus den USA weiß ich, daß dort z.B. während des Golfkriegs überhaupt nichts davon vorkam, was es an Friedensbewegung gegen den Golfkrieg gab. Das kann noch so sehr im Namen Jesu Christi sein, in den Medien wird es als nicht existierend behandelt. Hingegen wird jede Äußerung über Sexualität, die den angeblichen Schwachsinn kirchlicher Positionen entlarvt, ausführlich auf allen Kanälen gebracht. Das Schlimme dabei: Es entsteht ein Bild, in dem ein kritisches Christentum eigentlich gar nicht mehr gedacht werden kann. Man muß ja schon ziemlich blöde sein, um Christ zu sein, so ungefähr wird das dargestellt. Das finde ich außerordentlich bedenklich. Ich sehe darin auch einen Angriff auf den Geist des Protestantismus, der vielleicht seine Zeit gehabt hat, das ist denkbar. Das weltweite Wachsen des Fundamentalismus nicht nur im Christentum, sondern in allen monotheistischen Religionen, ist höchst besorgniserregend.

Haben Sie eine Vermutung zur Ursache dieser fundamentalistischen Tendenzen?

DS: Sicher spielt dabei - wie man das so immer sagt - die Suche nach einfachen Lösungen eine Rolle, die Suche nach klaren Anweisungen in dieser verworrenen, komplizierten, überkomplizierten Welt. Wir leben in einer Welt der Überinformation. Wir sind over-educated und under-powered, wir haben zuviel Erziehung, zuviel Stoff, der uns aber lähmt und tötet. Wir haben zu wenig Gefühl für die eigene Stärke. In der Bibel heißt es dazu: Bei euch aber soll es nicht so sein, macht es nicht wie die Heiden. „Tobe, Welt, und springe, ich steh hier und singe in gar sichrer Ruh“, heißt es in einer Bach-Cantate. Warum kann ich das nicht sagen? Ich lebe anders und mache das nicht mit. Diese christliche Haltung muß, so glaube ich, heute erst entwickelt oder wiederentdeckt werden. Ich sehe das bei vielen Eltern mit kleinen

Kindern. Die Gretchenfrage der Erziehung lautet: „Wie hältst du's mit dem Haupterzieher, dem Fernsehen?" Das Fernsehen ist so mächtig - eine Macht, wie es sie nie zuvor in der Geschichte gegeben hat. Sie drängt natürlich so etwas wie Familie, Autorität der Eltern und auch Kirche einfach weg. Als Christin sehe ich, wie das Fernsehen den Geist zerstört, falsche Bedürfnisse aufbaut und so weiter. Das kann man ja im einzelnen nachweisen. Ich frage mich, wo setzen wir da eigentlich andere Lebensrealitäten? Wo setzen wir andere Akzente? Ich sehe es manchmal in kleinen ökologischen Gruppen. Da erlebt man immer wieder ein Stück Gegenkultur, das ist zum Teil richtig bewegend. Nach einem Vortrag kam ein junger Mann zu mir und sagte, er hätte plötzlich bemerkt, wie ein Wald, den er ganz gut kannte und in dem er oft spazierengegangen war, stirbt. Am nächsten Tag, so erzählte er mir, hätte er sein Auto verkauft. Das ist Bekehrung, das ist Umkehr. Und sie war teuer erkauft. Er hatte einen weiten Weg zur Arbeit, und die Verbindungen waren kompliziert und schwierig. Das habe ich sehr bewundert.

Was ich mir wünsche von einer europäischen Theologie der Befreiung und Basisbewegung, sind solche klaren Verzichte. Es geht um Abschied von dieser Art Lebensstil, es geht nicht anders. Ich denke, daß da das Vorbild von Gruppen, seien es mönchsähnliche oder klösterliche Gemeinschaften, die gemeinsam anders leben, absolut notwendig ist. Und davon sind wir noch sehr weit weg.

Gott braucht uns

Bei einem Kirchentag in den achtziger Jahren habe ich von Ihnen einmal den Satz gehört: „Nicht nur wir brauchen Gott, Gott braucht auch uns." Den gleichen Satz hörte ich später wieder von dem Auschwitz-Überlebenden Elie Wiesel, der sich dabei auf die jüdische Mystik, die Kabbala, bezieht. Enthält der Satz auch für Sie etwas Messianisches?

DS: Die Juden haben schon immer gesagt: Wenn an einem bestimmten Tag der Sabbat einmal wirklich gehalten würde, dann käme der Messias sofort. Ich halte dies für eine besonders schöne und tiefe Ausdrucksweise, da hier das ganze Volk Gottes am Kommen des Messias beteiligt ist. Juden reden auch von der messianischen Zeit - das ist ein umfassenderer Begriff als der der Person des Messias. Wir Christen haben oft eine allzu individualistisch verengte Brille auf, die aus Jesus den großen Helden macht, anstatt Jesus mit seinen Freunden im Volk Gottes zu sehen. Genau das wird oft zu kurz gedacht.
Der andere Ausgangspunkt für diese Rede ist es, wenn ich versuche durchzudenken, was es bedeutet, daß Gott Liebe sei. Das ist die einzige Definition, die das Neue Testament für Gott anbietet. Dann kann Gott - und das ist ein Stück Feministischer Theologie - ja nicht ein unbedürftiger, in sich selbst ruhender Mann sein, der zwar liebesfähig ist, aber nicht liebesbedürftig. Ich halte es für eine Verirrung des Patriarchats, Gott so zu denken, daß Gott ununterbrochen liebt, sich ausschenkt, sich sorgt und bei alledem nichts braucht. Ich habe das meiste in dieser Frage vom Judentum gelernt. So auch die Vorstellung, daß Gott weint über das, was seine Kinder einander antun. Dabei könnte man jedoch auch fra-

gen: Warum schlägt er denn nicht drein? Warum weint er denn da, anstatt zu handeln? Das ist ja wie eine Frau! Ich finde es wichtig, sich klarzumachen, daß Gott und Mensch zusammengehören. Dies ist der messianische Zustand. Es ist zwar richtig, daß Gott dann „alles in allem" sein wird, aber dieses „alles in allem" schließt uns ja nicht aus, sondern wird durch uns erfüllt.

Die Mystiker haben diesen Gedanken auf die Spitze getrieben. Angelus Silesius zum Beispiel sagt, daß Gott ohne mich keinen Augenblick leben könnte. Würde ich sterben, so müßte Gott vor Schreck seinen Geist aufgeben - so sagt Silesius sinngemäß. Ein wunderbares Wort, ein roter Faden, der sich durch jüdische wie christliche Mystik zieht: Gott hat mich nötig. Das hat natürlich den Zorn der Orthodoxien aller Zeiten hervorgerufen. Ich denke jetzt auf christlicher Seite an Karl Barth, den letzten großen Orthodoxen innerhalb des Protestantismus. Er hat immer von den „mystischen Unverschämtheiten" des Angelus Silesius gesprochen.

Worin sehen Sie den Grund für Barths Abwehr dieses Gedankens?

DS: Nun, Barth ist wirklich ein extremer Vertreter der Ganz-Andersheit Gottes, Gott ist bei ihm der vollständig Andere. Sicher war er sich dessen nicht bewußt - und das finde ich äußerst bedenklich -, daß diese Rede ja sehr von männlichem Denken und männlicher Bildhaftigkeit bestimmt ist. Ich meine damit nicht die etwas törichte Frage, ob man „er" oder „sie" über Gott sagen solle. Diese Frage finde ich gar nicht so interessant. Viel wichtiger ist es zu begreifen: Der Ausschluß der Frauen aus der Denkarbeit der Theologie über Jahrtausende ist eine furchtbare Selbstbeschädigung des Patriarchats, das sich damit selbst verarmt, selbst verdummt hat. Das ist in diesem Zusammenhang der springende Punkt: Jemand, der Liebe gibt, ist auch auf Liebe angewiesen, notwendigerweise. Er kann nicht so tun, als

ginge ihn das nichts an. Von daher würde ich den theologischen Begriff der „Aseitas" bzw. der „Aseität" äußerst scharf kritisieren, da er völlig unbezogen, von der Nicht-Angewiesenheit her denkt. Man sagt damit: Gott ist unabhängig, Gott ist der Herr, wir Menschen sind abhängig, wir allein sind angewiesen. Aber dies ist ein falsches Verhältnis, ein Verhältnis der Macht, nicht der Liebe.
Das Verhältnis der Liebe ist tatsächlich so, daß Gott angewiesen ist auf uns, auch uns braucht, daß wir dazu beitragen, das Reich Gottes aufzubauen. Es gibt eine Art von theologischem Denken, in dem Gott immer mehr vereinsamt: Gott - der in sich selbst Ruhende. Dies drückt der Begriff der „Aseitas" ja auch aus. Gott ist „a se", zwar auch „pro nobis", aber vor allem „a se". Er ist nicht im Gespräch, er braucht niemanden. Dies wird sogar als ein Vorteil begriffen, als seine Krönung, doch im Grunde ist es nichts als eine reine patriarchalische Fiktion. Ein merkwürdiger Gedanke - als sei es das Höchste und Ausdruck der besonderen Ehre Gottes, daß Gott uns nicht braucht.

Haben es Juden hierin einfacher, wenn sie sagen: Das Kommen des Messias hängt von den Taten der Menschen ab? Für Christen schließlich ist der Messias bereits gekommen.

DS: Ich glaube, wir müssen hier erst einmal ein bißchen Besitzverzicht üben, theologischen Besitzverzicht. Wir sollten diese sehr vollmundige, triumphalistische Christologie, die in Christus alles erfüllt sieht, zurücknehmen. Dies ist ein altes Thema von mir, das ich immer schon, vor allem in der „Stellvertretung", sehr kritisiert habe. Mein späterer Freund Gollwitzer, der mich damals sehr angriff, hat jedoch diesen Punkt von vornherein respektiert, nämlich den Gedanken, daß es gegenüber dem jüdischen Messiasbegriff ein Unrecht sei, so zu reden. Und nach Auschwitz kann man schon gar

nicht so reden. Insofern glaube ich, daß wir im Augenblick im Prozeß sind, immer jüdischer zu werden. Wir nähern uns unserer jüdischen Mutterreligion an, und das finde ich ganz wichtig für uns.
Man könnte dasselbe, was ich vorhin über Gott zu sagen versucht habe, auch von Christus sagen. Wieso soll denn Christus ein Interesse daran haben, völlig einzigartig zu sein? Er ist doch kein Guru oder kein Star im Filmwesen, er muß doch nicht die höchsten Einschaltquoten haben. Das Interesse Christi kann doch überhaupt nicht die Einzigartigkeit sein, sondern es muß die Geschwisterlichkeit sein. Christus will möglichst viele Geschwister haben. Sein Wunsch ist es doch nicht, *allein* beim Vater und im Vater zu sein, sondern daß wir alle dort sind. Und das gilt es durchzudenken, christologisch und theologisch zu reflektieren. Was heißt es, daß wir auf diesen Wesensbestandteil der Liebe, nämlich die Angewiesenheit und die Bedürftigkeit, nicht verzichten können, auch in Gott nicht? Ich bin überzeugt: Gott braucht uns, tatsächlich. Und dieser Gedanke ist eigentlich die tiefste Begründung der Menschenwürde. Nichts kann uns Menschen so sehr mit Würde erfüllen, als daß wir gebraucht werden. Das ist überhaupt eine der wichtigsten Kategorien für das menschliche Leben. Ein besonderes Unglück bei alten Menschen ist doch das Gefühl, nicht mehr gebraucht zu werden. Auf der anderen Seite gibt es lebendige alte Menschen, die immer gebraucht werden, weil sie so viel Beziehung haben und ausströmen. Ich glaube, daß sich dieses Grundgefühl, gebraucht zu werden, theologisch darin begründet, daß Gott uns braucht. Gott ist darauf angewiesen, daß wir etwas tun.

Diesem Gedanken wird oft, vielleicht gerade im Katholizismus, entgegengehalten, man müsse mehr das Positive sehen, was uns schon geschenkt ist und was Christen in dieser Welt bereits geschaffen haben.

DS: Ich kenne das auch, ich würde sagen, das ist eher spätbürgerlich als spezifisch katholisch. Diese Argumentation gibt es im Protestantismus genauso. Sie ist natürlich ein Versuch, zu den Schuldgefühlen, die eigentlich alle wacheren Christen haben, die zu den Reichen gehören, einen Ausgleich herzustellen. Daß die Christenheit in unserem Land zu den Reichen gehört, ist ein Faktum, und daß sie die Armen bestiehlt, ebenfalls, mit jeder Banane, mit jedem Pfund Kaffee. Das sind Tatsachen, die unterdessen bekannt sind. Es ist ein Erfolg der Politischen Theologie, daß sich bestimmte Grundgefühle bei den Menschen, die überhaupt auf solche Fragen ansprechbar sind, geändert haben.
Wenn ich versuche, in diesem Zusammenhang einen Wahrheitskern zu sehen, dann lautet er: Ich kann nicht nur von der Analyse leben, das zerstört eigentlich jede Kreativität. Wenn ich eine ökologische und ökonomische Analyse der derzeitigen Gesellschaft mache, dann sieht diese Gesellschaft ziemlich schlecht aus. Den allgemeinen Pessimismus, auch den anthropologischen Pessimismus, der Mensch sei ein ekelhaftes Tier, kann man heutzutage überall zwischen den Zeilen lesen. So denken wir alle. Das ist eine furchtbare Einsicht. Ich finde, es verschärft noch die Negativbeurteilung des Menschen und die Frage nach seiner Rolle im Kosmos, wenn er keine Würde hat und nichts zu Gottes Dasein beiträgt. Der Mensch stellt nichts als ein gefräßiges, ekelhaftes und ausbeuterisches Tier dar - eine solche Beurteilung des Menschen wird immer deutlicher. Aber ich glaube nicht, daß man auf Dauer mit einer solchen Sicht des Menschen leben kann.

Sie haben vorhin das Motiv des pathischen, des mitleidenden Gottes angesprochen. Literaten wie Elie Wiesel können dieses Motiv aus der jüdischen Tradition recht leicht aufnehmen - die systematische Theologie hat damit mehr Schwierigkeiten.

DS: Ich habe nie ganz verstanden, warum selbst Theologen wie Metz den Gedanken des leidenden Gottes so scharf zurückweisen und an der Allmacht festhalten. Das ist für mich ein problematischer Begriff. Ich finde Macht nicht so verehrenswürdig, daß man auch noch von Allmacht reden muß. Das heißt nicht, daß ich nicht sagen würde, bei Gott ist kein Ding unmöglich. Das würde ich auch sagen. Aber daß Gott sich jederzeit anders verhalten könnte, also etwa die Züge nach Auschwitz hätte anhalten können, es aber aus irgendeinem Grund, den wir nicht wissen dürfen, nicht gemacht hat, das geht für mich unter das Niveau unseres Denkens. Diesen Gedanken habe ich von den Prozeßtheologen aus den USA gelernt, die sagen: Gott ändert sich mit dem Bewußtsein der Menschen. Der König, der Feldherr, der Kriegsgott, der kann der demokratischen Entwicklung nicht gerecht werden. Wir können Gott nicht unterhalb unseres eigenen Niveaus denken. Das führt dann zu Verrenkungen oder Unwahrhaftigkeiten, die nicht aus dem Weg zu räumen sind. Man muß Gott auch in irgendeinem Sinn kommunitär oder demokratisch denken. Dasselbe trifft aber auch auf die Theodizeefrage zu, dort wohl sogar noch schärfer. Muß man nicht sagen, daß Gott, etwa in Auschwitz, ein leidender Gott ist? Da hängt er am Galgen. Das ist Gott – so wie Wiesel das gesagt hat? Nicht irgendein Zuguck-Gott, der da oben sitzt und alles betrachtet! Muß er nicht abrücken von der Position der Macht, die auch Distanz ausdrückt?

Gegen den Gedanken vom leidenden Gott wird oft ins Feld geführt, daß dieser Gott so ohnmächtig wäre, daß er die Menschen nicht mehr retten könnte.

DS: Ja, und das will ich auch nicht sagen, daß Gott „nur" der leidende ist. Ich kenne diese Position ganz gut von einem Kollegen von mir, dem schwarzen Theologen James Cone, der dies immer betont hat. Er hat immer an der Macht Gottes, das Volk in die Befreiung zu führen, festgehalten. Die

Armen brauchen das, einen mächtigen Gott, der mehr ist als der jeweilige Herrscher, der der Retter ist und der uns heraushelfen kann. Und sehr viel in der Frömmigkeit und im Selbstausdruck spricht eben auch dafür. Trotzdem frage ich mich immer wieder, ob man nicht dem leidenden Gott mehr Raum geben muß.

Einer der interessantesten Versuche in dieser Richtung ist der von Hans Jonas, der dies auch auf dem Hintergrund der jüdisch-mystischen Tradition der Selbstbeschränkung Gottes reflektiert. Gott hat sich, indem er die Welt und uns alle in Freiheit geschaffen hat, eigentlich seiner Allmacht im strikten Sinn des Wortes entledigt. Und somit hat er Hitler „erlaubt", eingeräumt oder wie immer man das sagen will, das zu tun, was er an Schrecken tat. Gott hat sich eingeschränkt und damit ein Feld eröffnet. Es bestätigt die Größe des Menschen, daß der Mensch auch gegen den Willen Gottes handeln kann. Das hat mir immer sehr eingeleuchtet. Vielleicht ist da ein Versuch gemacht worden, Macht und Ohnmacht, Macht und Leidensfähigkeit zusammenzudenken. Ich verstehe schon, weshalb es im Kirchenlied heißt: „Beweis dein' Macht, Herr Jesu Christ". Liefere doch endlich mal die Beweise, der du Herr aller Herren bist, tu's doch mal! Das sind solche Anrufe, die an die zur Zeit verborgene Macht appellieren. Das verstehe ich vollkommen, das ist notwendig. Du, Gott, kannst doch deine Kinder nicht im Stich lassen! Die Angst, die ich da immer habe, ist die, daß Gott als so absconditus, so verborgen gedacht und geglaubt wird, daß aus ihm ein Schicksal wird. In seiner Allmacht und Ferne, in seiner Vorherbestimmung weiß er ja schon, wie das alles läuft. Was willst du da überhaupt … Daß damit eine zu starke Annäherung an die Schicksalshaftigkeit verbunden sein könnte, ist eine Angst, die ich oft habe. Dieses Denken gehört für mich mit zu dem anthropologischen Pessimismusschub, der mit den neunziger Jahren verstärkt einsetzte. Ich sehe da auch eine Verschiebung der popularen Gottesvorstellung in die Richtung von „es kommt alles wie es kommt, man kann sowieso nichts machen".

Dieses Motiv des Rückzugs Gottes, um dem Menschen Raum zu geben, entspricht doch dem Gedanken des Zimzum aus der jüdischen Mystik. Wie löst die jüdische Mystik dieses Problem? Leichte Antworten auf die Frage nach dem Sinn des Leidens gibt es auch dort nicht.

DS: Nein, nein. Das wäre wohl auch ein Mißverständnis von Hans Jonas. Er hatte seine Gedanken ja nur in einem relativ kurzen Aufsatz entwickelt. Er läßt sie aber nebeneinander bestehen, den Schöpfer des Universums und den leidenden Gott, der sich um der Liebe willen zurückgezogen und abhängig gemacht hat. Und das führt wiederum zurück zu dem, was wir bereits besprochen haben: Wenn Gott völlig allmächtig ist, dann braucht er uns nicht. Dann tun wir, was er will. Das ist, finde ich, eine zynische Position. Es ist wichtig, daß man die Frage an Gott weiterhin stellt, daß man Gott bedrängt zu tun, was er versprochen und verheißen hat. Diese Frage ist eigentlich ein Ausdruck davon, daß wir Gott brauchen, aber daß Gott auch uns braucht. Dieses doppelseitige Brauchen ist Ausdruck liebender Verbundenheit. Diese Vorstellung paßt auch gut zu jenem jüdisch-mystischen Grundgedanken, wonach der Mensch die Aufgabe hat, die Funken Gottes, die überall verstreut sind, wieder zusammenzubringen. Dann erst entsteht das wahre Licht. Die Gottebenbildlichkeit des Menschen beinhaltet sicher Freiheit und Kreativität, andererseits aber auch die Macht, das Leben auf dieser Erde völlig zu zerstören. Er wird es eines Tages vielleicht sogar tun.

Menschwerdung – ein Anfang mit Fortsetzungen

Bei aller Sympathie für den Gedanken, daß Gott uns braucht - führt dieser „theologische Besitzverzicht" nicht zu einem Identitätsverlust der Christen? Kommt Jesus Christus dabei nicht zu kurz?

DS: Ich will da zwar nicht nur auf die historische Ebene hinaus, aber immerhin ist klar, daß Jesus wie alle Rabbis jener Zeit das Judentum reformieren wollte. Das ist historisch eindeutig, und sehr viele Dinge, die wir als unglaublich christlich befinden, sind bereits hundertmal im Judentum dagewesen. Ein geradezu klassisches Beispiel sind die Aussagen der Bergpredigt: „Ihr habt gehört, daß zu den Alten gesagt ist, ich aber sage euch…": In meinem Theologiestudium habe ich beispielsweise bei Ernst Käsemann noch gelernt, daß dieser Satz der entscheidende sei. Da wurde ein Gegensatz aufgebaut nach dem Motto: „Früher wurde das gesagt, und jetzt komme ich und sage alles anders." Dies wurde in der Geschichte des christlichen Glaubens so ausgelegt, daß es zu einer übertriebenen, allzu hohen und steilen Christologie führte. Später habe ich mir sagen lassen, daß diese Formel: „Ihr habt gehört" einfach eine Formel war, eine rhetorische Formel, mit der jeder Rabbi fortfuhr: „Ich sage euch das jetzt so." Das war für mich ein sehr lehrreiches Beispiel dafür, was man uns in der theologischen Ausbildung einfach falsch beigebracht hat.

Ist demnach mit Jesus und dem Christentum gar nichts so entscheidend Neues in die Welt gekommen?

DS: Der Gott Jesu ist der Gott Abrahams, Isaaks und Jakobs, daran müssen wir festhalten. Als ganz junges Mädchen war ich in der christlich-jüdischen Gesellschaft in Köln. Es war die Zeit nach dem Krieg. Dort wurde ein Kurs über die Schöpfung gehalten. Ein Rabbiner legte dar, wie die Schöpfungsgeschichte im Judentum verstanden wird. Er sagte immer wieder, der Rabbi soundso sagt dies, der Rabbi soundso sagt das, der Rabbi soundso wieder etwas anderes. So ging es immer weiter, und nach mehr als einer Stunde habe ich mich gemeldet und in meiner ganzen unschuldigen Frechheit gefragt: „Ja und wer hat denn nun recht?" Und da hat er die Gelegenheit wahrgenommen, mir zu erklären, daß die Frage falsch sei, und daß wir uns dem biblischen Wort gegenüber immer auslegend verhalten. Das ist ja die jüdische Grundhaltung. Man muß auch streiten über bestimmte Dinge. Alles andere ist eine dogmatisch verzweckte Denkfigur. In Wirklichkeit gibt es immer wieder eine neue Auslegung. Man muß eigentlich stets neue Geschichten erzählen von Gott. Und das finde ich sehr wichtig. In diesem Sinne bin ich vielleicht wirklich auch jüdischer geworden - aber zugleich Jesus näher gekommen.

Ich habe einmal in einem Aufsatz alle feministischen Anfragen zur Christologie zusammengetragen, also alle Punkte, die man kritisch zur Christologie sagen muß. Natürlich müssen zuallererst die antijudaistischen Züge raus. Doch der Kerneinwand des Judentums, daß der Messias ja nicht gekommen sein kann, angesichts der Kosovokatastrophe oder der Atombombe auf Hiroshima und so weiter, bleibt. Das widerspricht dem, was mit diesem Messias gemeint war. Ich sehe die Bedeutung Christi in der Öffnung des völkisch begrenzten Judentums hin auf die Völker der Erde, daß wir alle den Gott der Schrift, den Gott der jüdischen Bibel verehren und lieben können und da mit einsteigen können. Diese These haben auch schon andere vertreten, und sie leuchtet mir durchaus ein: Der Unterschied zwischen Judentum und Christentum liegt zwischen der Begrenzung auf die Juden und der Ausweitung des jüdischen Erbes auf alle Menschen und nicht darin, daß jetzt plötzlich der Messias kommt. In meinem Aufsatz in dem Sammelband „Ihr aber, für wen haltet ihr mich? Auf dem Weg zu einer feministisch-befreiungstheologischen Revision von Christologie" (hg. von Renate Jost und Eveline Valtink, Gütersloh 1996) habe ich diesen Gedanken auf die Formel der „incarnatio continua" gebracht: Das Wort Gottes inkarniert sich immer wieder, in Jesus von Nazaret und überall dort, wo das Reich Gottes aufblüht.

Die ursprüngliche Spitze des Messiasglaubens, nämlich daß die Welt ein Ende hat und daß vom Messias die Rettung der Welt abhängt und er sie zu einem guten Ende führen wird - dies zu denken scheint heute völlig außer Blick geraten zu sein. Argumentativ ist das schwer zu vertreten. Schnell wird das als apokalyptische Schwärmerei oder Science-fiction abgetan ...

DS: Und trotzdem: Wie kann man diese Messiashoffnung durchbuchstabieren? Wenn weniger Ego, Besitz und Gewalt in uns und um uns herrschen, dann ist das, glaube ich, schon eine Annäherung an eine Aussage wie die folgende: „Das Reich Gottes ist mitten unter euch." Hier haben wir eine präsentische Eschatologie, die ja mit der futurischen verbunden werden muß, wenn wir bei Jesus bleiben wollen. Dann müssen beide Elemente dabei sein. Das Reich Gottes ist schon hier. Wo die Liebe ist, da ist Gott, und Gott ist da, wo die Versöhnung ist. Für mich sind das vom Neuen Testament her gesehen ganz unbestreitbare Sätze. Und zugleich: Es steht noch etwas aus. Das kann ja nicht alles gewesen sein. Es gibt Schmerzen und Leid. Die Erlösung scheint oft so fern.

Vielleicht verstehen Menschen von heute den Glauben an Jesus Christus besser, wenn man bewußt macht, daß diese beiden Seiten, die gegenwärtige und die zukünftige, unab-

dingbar zueinander gehören - keine Seite darf gegen die andere ausgespielt werden.

DS: Beim Eintauchen in die mystische Tradition, mit der ich mich in den vergangenen Jahren sehr vertraut gemacht habe, ist mir dies wieder deutlich geworden. Es gibt ja etwas, was man einen mystischen Trotz nennen kann, wie es beispielsweise in dem Lied zum Ausdruck kommt: „Dennoch bleibst du auch im Leide, Jesu, meine Freude" - wunderbar! Das heißt also, auch wenn von Gottes Verheißung jetzt nichts sichtbar ist, halte ich an dir fest. Auch wenn du dich einen Dreck drum kümmerst, lieber Gott, ich bleibe an dir und in dir. Das ist ja nicht so sehr das traditionelle Herrschaftsmodell, wonach Gott der Lenker und die Obermacht ist. All diese Gottesmetaphern wie König, Vater, Herr sind patriarchalisch und eben auch herrschaftsfixiert. Die Größe der Mystik ist es, daß sie dagegen immer wieder das innere Licht stark gemacht hat, nicht das der Herrschaft. Das ist etwas völlig anderes, das ist Einswerden mit der Kraft der Liebe. Und damit nähern wir uns natürlich auch anderen Religionen etwas mehr an.

Die Theologie Ihrer frühen Zeit ist sehr stark christozentrisch geprägt, ganz deutlich vom „solus Christus" der Rechtfertigungslehre und der protestantischen Tradition bestimmt .

DS: Ja, das stimmt. Aber meine Verbundenheit mit Christus war eigentlich nie so stark auf den einzigartigen und überweltlichen Erlöser fixiert, sondern auf diesen armen Mann, der da im mächtigen Imperium Romanum zugrunde geht. Es war eigentlich viel eher eine Sympathie mit dem Leiden und mit dem anders Leben, also eher mit dem Menschen Jesus. Vielleicht hätte ich damals auch gesagt mit dem „historischen Jesus", obwohl ich inzwischen nicht mehr so leicht sagen kann, was das genau ist, der „historische Jesus". Aber jedenfalls war mir Jesus von Nazaret näher als der geglaubte Christus. Und das führt natürlich immer wieder auf die Frage nach Gott zurück. Mein Ausgangspunkt war sicher viel atheistischer. Ich suchte nach der Möglichkeit, an Gott zu glauben. Ich habe doch viele Jahre, Jahrzehnte geradezu gerungen mit diesem ganzen Allmachtsgedanken. „Omnipotenz" ist nach meiner Meinung eine völlig falsche Metapher. Das kommt eben davon, wenn nur die Hälfte der Menschheit an dem Unternehmen beteiligt ist, wenn Theologie und Christologie nur von Männern und von Machthabern betrieben wird - oder etwa nicht? Die andere Hälfte, die Frauen und die Sklaven, sind „doof". Genauer: Sie werden dafür gehalten. So kommen solche abstrusen Vorstellungen auf. Ich sage immer so im Spaß, man muß nicht sehr viel Freud gelesen haben, um zu verstehen, welchen Zusammenhang es hier gibt. Also das ist ziemlich klar, wer so etwas äußern kann und wer so über Gott spricht. Ich empfinde das wirklich manchmal als Gotteslästerung. Und dabei kommt mir das Gespräch mit einer jungen Frau in den Sinn, die dachte, Auschwitz sei von Gott gewollt, sonst wäre es eben nicht passiert. Alles, was geschieht, sei von Gott gewollt, und wir verstünden das zwar nicht, aber wir müßten das eben als Gottes Willen annehmen. Das ist eine grauenvolle Theologie!

Würden Sie heute noch die Tod-Gottes-Metapher verwenden, mit der Sie in den sechziger und siebziger Jahren versucht haben, theologische Defizite aufzudecken?

DS: Dieser Gedanke hat mich damals schon sehr stark geprägt, aber ich würde ihn heute nicht mehr in den Vordergrund stellen. Ich habe später diese spezielle Metapher des „Todes Gottes" nicht mehr verwendet. Aber daß die Weltenlenker-Metapher nicht reicht, und daß das der falsche Gott ist, ein Götze, den man sich gemacht hat, das würde ich nach wie vor sagen. In meinem Buch über die Mystik habe ich versucht, die Schwierigkeiten des Christentums heute und seinen Niedergang, der so evident ist, zu verstehen. Es wird ja immer weniger, immer dünner, immer unbegreiflicher. Und ich glaube, daß das damit zusammenhängt, daß man den Menschen eine kindische Art von Glauben serviert hat, jahrhundertelang in allen Konfessionen! Mit dieser Supervater-Vorstellung, die eigentlich das Erwachsenwerden verbietet, sind die Menschen aufgewachsen. Inzwischen sind die Menschen, technologisch zumindest, erwachsen geworden und haben eine ganz andere Einstellung zur Welt. Sie können eben mit diesem „Papa-wirds-schon-richten-Gott" nichts, aber auch gar nichts mehr anfangen. Mit ihr erscheint das Christentum selber als eine kindisch machende Religion. Also das ist nicht die wirkliche Kindlichkeit, die Jesus meint, wenn er sagt: Werdet wie die Kinder. Das ist Religion, die sich an einer bestimmten Lebensstufe festklammert und die abfällt, wenn die Menschen dann darüber hinauswachsen. Dann bleibt nichts mehr übrig.

In diesem Zusammenhang sehe ich auch die verrückte Vorliebe vieler Zeitgenossen für den Buddhismus. Ich meine, das ist zum größten Teil vollkommen oberflächlich und nichts als eine phantastische Projektionswand, auf die ich alle meine religiösen Wünsche werfen kann. Mir hat einmal eine Frau erzählt, sie sei in einer früheren Inkarnation die Geliebte des Nero gewesen. Nun ja, ich dachte dazu nur: Um Gottes Willen! So etwas ist sehr interessant, psychologisch, aber sonst bedeutet es wirklich nichts. Solche Leute haben keine Ahnung vom Buddhismus und davon, daß es für Buddhisten ein Unglück ist, auf das Rad der Geburten geflochten zu sein. Das ist ja genau das Gegenteil von den Reinkarnationssehnsüchten vieler Westeuropäer heute. In deren Vorstellung wird die Lehre von der Wiedergeburt als ein Spiegelchen für das Ego benutzt.

Also noch einmal: In diesem Sinn kann man vielleicht wirklich sagen, daß der Gott dieses kindisch machenden älteren Christentums tot ist. Er ist soziologisch tot, dieser Glaube funktioniert nicht mehr. Das möchte ich festhalten, und das haben auch die Denker, die vom Tode Gottes sprachen, im Sinn gehabt. Ich habe mich damit vor allem auf Jean Paul bezogen und auf seine wunderbare „Rede des toten Christus vom Weltgebäude herab, daß kein Gott sei". Nietzsche hat das auch verstanden und daher die Metapher vom Tod Gottes geprägt. Aber es ist klar, daß damit nicht der Gott der Bibel gemeint ist, sondern eben etwas anderes, was man aus ihm gemacht hat. Gottesideologie könnte man das nennen.

Sie sind indes mit dieser These auch radikal mißverstanden worden.

DS: Ja, natürlich, ich habe ja die Hauptangriffe von Leuten bekommen, die nie eine Zeile von mir gelesen hatten und mich einfach so abstempelten, weil sie gehört hatten, ich würde eine Gott-ist-tot-Theologie vertreten. Gerade innerhalb der kirchlichen Öffentlichkeit hatte ich jede Menge Schwierigkeiten. Das war schrecklich.

Hat Sie dieses Mißverständnis bei vielen theologisch disqualifiziert?

DS: Bei einigen sicherlich, weil es ihnen zu radikal war. Nicht, daß ich damit sagen wollte, daß meine deutsche Nichtkarriere allein damit zusammenhängt. Das war ein Faktor neben anderen, neben dem Sexismus vor allem, also der Tatsache, daß eine theologietreibende Frau nicht viel galt. Und neben meiner politischen Option: Also „links und eine Frau, das geht zu weit". Mit diesem schönen Schlagwort, das die Frankfurter Rundschau vor vielen Jahren aufgebracht hat, wurde ich in die Ecke gedrängt. Im Grunde waren es diese drei Faktoren: daß diese Theologie nicht verstanden oder nicht gekannt wurde, dazu noch links und außerdem noch Frau … Damit hatte sich das mit meiner Karriere.

Zur Umkehr fähig – eine optimistische Anthropologie

Das Bild vom Menschen ist heute weithin pessimistisch, wenn man seine zerstörerische Rolle auf der Erde bedenkt. Kann man dieser pessimistischen Beurteilung noch eine optimistische Anthropologie entgegenstellen?

DS: Ja, in jedem Fall - man kann es nicht nur, man muß es. Es gilt zu zeigen, daß Menschen der Umkehr fähig sind. Das finde ich ganz wunderbar. Alle Heilungsgeschichten sind Umkehrgeschichten, denn Menschen haben zunächst anders gelebt und sich dann verändert. Die weißen Farmer in Südafrika beispielsweise, die sechzig Jahre lang anders gelebt hatten, genießen doch das Vertauen, das selbst die Politiker in sie setzen, daß sie der Umkehr fähig sind, daß sie etwas dazulernen, Vorurteile korrigieren, sich anders verhalten, teilen. So etwas wie das Ende des Apartheidregimes in Südafrika innerhalb der realen Geschichte zu sehen trägt einen, es macht mir Mut.
Eine Bekannte hat mich unlängst angerufen und sagte, ich hätte doch einmal ein Gedicht geschrieben, einen Hymnus nach „Gott schütze Afrika". Ich habe dieses Gedicht daraufhin nachgelesen. Es klingt wie eine Prophezeihung, geschrieben lange bevor die Mauer der Apartheid fiel: Eines Tages werden alle Kinder „Gott schütze Afrika" singen. Wann wird das wohl sein? Das ist immer die erste Frage, die man sich stellt. Vielleicht werde ich dann schon ganz alt sein, und meine Stimme schon ganz dünn, aber ich werde mit euch singen, in jedem Fall, mit allen Seraphim und Cherubim, in Hamburg-Altona oder sonstwo. Und jetzt ist es wahr geworden.

Eine solche Hoffnungsgeschichte tut gut angesichts der schrecklichen Nachrichten, die wir immer wieder zu hören bekommen. Vom Balkan, aus Afrika und so weiter.

DS: Also zuerst muß man festhalten: Wir haben all diese Länder seit Jahren mit unseren wunderbaren technisch hochentwickelten Waffen massiv aufgerüstet, die in einem unumkehrbaren Fluß dorthin geschickt werden. Die Frauenbewegung hat dagegen immer wieder klar gemacht: Take the toys from the boys. Solange Männer diese Spielzeuge haben ... Jede Aggression ist heute so leicht zum Mord zu bringen, anstatt sie durch einen Witz oder eine vernichtende Rede oder sonstwie zu artikulieren. Aber innerhalb dieser technizistischen Welt liegen die Aggressionsinstrumente sozusagen auf der Straße und laden zum Massenmord geradezu ein. Wir rüsten Länder auf und holen dann hinterher Friedenstruppen. Da darf man nicht sagen, das sei zu allen Zeiten so gewesen, sonst setzt man ein Schicksal an die Stelle des Gottes. Ein gefährlicher Fatalismus! Darin haben die Leute, die stets nach dem Guten fragen, vielleicht einen Zipfel der Wahrheit erfaßt, an dem man irgendwie weiterstricken muß. Ich finde, man muß zeigen können, wo einmal etwas anderes geschieht, wo sich Menschen bekehren, und dem Zynismus, der unter uns wächst, die Stirn bieten. Man muß diesem selbstverständlichen „Aha, das haben wir ja immer schon gewußt" widersprechen. Auch die veröffentlichte Meinung ist ganz von diesem Zynismus durchzogen.

Demgegenüber ist das Evangelium wunderbar. Auch damals, unter dem Imperium Romanum, waren die Zeiten ja mindestens so schlecht wie heute. Wenn man nicht gerade *cives romanus* war, war das kein Vergnügen. Folter, Mord, Ausplünderung waren an der Tagesordnung. Die Leute, die das Evangelium aufgeschrieben haben, haben ständig kleine Wundergeschichten gesammelt, von Umkehr, von Heilung, vom Gesundwerden. Anschließend haben sie das alles furchtbar aufgeblasen und übertrieben, die Zahlen aus ihrer sogenannten mündlichen Überlieferung verdreht. Sie sind damit alles andere als korrekt umgegangen, so daß man sie packen könnte und sagen, das stimmt doch gar nicht, was ihr da schreibt. Aber das wäre eine ganz falsche Fragestellung. Die Frage ist die, warum sie diese Geschichten zum Evangelium machten. Zum Beispiel: Zehn Aussätzige werden geheilt, einer ist dankbar, neun drehen sich um und hauen ab. Solche Dinge werden nicht im Ton des Zynismus oder der Negativität erzählt. Das Evangelium ist sehr realistisch, aber keineswegs zynisch. Ich fände es schön, wenn wir dies endlich begreifen könnten. Wenn wir einen realistischen Blick behalten könnten und uns nicht vormachen würden, daß alles gut gehe und sonstige Illusionen. Aber zugleich doch auch sehen könnten, wo es Veränderungen gibt.

Realistischer Blick heißt bei Ihnen also auch, Veränderbares auszumachen und zu benennen?

DS: Ja, genau, das Veränderbare muß benannt werden. Es muß als veränderbar gekennzeichnet und darf nicht als schicksalsgegeben hingenommen werden. Darauf läuft dieses ganze Syndrom von Ekel vor dem Menschen, von Blick in den Abgrund, den jeder von uns in sich hat, hinaus. Man kann es auf vielen verschiedenen Ebenen finden, auch in der Literatur, dieses schlechthinnige Negieren. Doch das kann nicht das einzige sein! Es gilt, die Erfahrungen der Umkehr festzuhalten, die Erfahrung des Nein zur Brutalität. Zum Beispiel die Geschichte des einen Jungen, der sich angesichts einer Schlägerbande wenigstens verkrümelt statt zurückzuschlagen. So etwas ist sehr bescheiden, aber das gibt es ja auch. Ich denke, daß wir die Aufgabe haben, an einer christlichen Anthropologie festzuhalten. Nicht in einem irrealen oder idealistischen Sinn, sondern im Sinne der Umkehrfähigkeit. Das ist auch ein jüdischer Grundsatz. Die *Teschuwah*, die Umkehr, ist jederzeit möglich. In jedem

Augenblick ist jedem Menschen die Umkehr möglich. Dieser Satz ist ein reiner Glaubenssatz! Ich kann ihn nicht beweisen, schon gar nicht aus der Statistik. Aber als Glaubenssatz ist er absolut notwendig.

Das von Ihnen angedeutete Menschenbild ist also weder naiv auf das „Gute im Menschen" fixiert noch pessimistisch. Sie gehen von den Gefährdungen des Lebens aus, betonen aber die Möglichkeit zu widersprechen und umzulernen.

DS: Ja, das finde ich sehr wichtig. Die Frage, ob jemand hinsichtlich des Menschen Optimist oder Pessimist ist, ist ja eigentlich eine dumme Frage. Denn das ist gar nicht die Entscheidung. Die Entscheidung fällt dort, wo man sich auf die Kategorie der Umkehr einläßt. Sie halte ich für zentral, und sie ist ein Geschenk des jüdischen Volkes an die Menschheit. Es geht auch anders - und das hängt mit Freiheit zusammen. Ich habe die Freiheit umzukehren. Ich bin nicht zwangsweise neurotisch und ewig gebunden, stets dasselbe zu machen. Es sieht zwar manchmal wirklich so aus, das sehe ich auch, aber es stimmt nicht. In der Theologie der Befreiung mußte man zunächst denken lernen, daß es Befreiung überhaupt gibt. Sie ist eine reale Erfahrung, die Menschen machen können. Es ist möglich, aus den Zwängen herauszukommen, aus den Ängsten, Neurosen und so fort. Und das heißt auch, daß dadurch neue Lösungen möglich sind.
Ich finde diesen Gedanken außerordentlich stark und wichtig: Wir sind zur Umkehr fähig. Es ist doch primitiv zu sagen, wir sind eben so und die anderen sind anders, also müssen wir uns jetzt den Schädel einschlagen. Da ist keine Veränderung denkbar. Daß es möglich ist, darüber hinauszukommen, hängt noch einmal zusammen mit dem, was ich vorhin meinte, als ich die Würde des Menschen von Gott her begründete. Was heißt das: „Ich bin von Gott geschaffen"?

Das muß doch einen konkreten Sinn haben. Es ist nicht die Erinnerung an irgendeine Entstehungsgeschichte. Mich interessiert nicht im geringsten, ob ich von den Affen abstamme oder nicht, ich finde, das ist überhaupt keine ernsthafte Frage. Aber die Frage, was es bedeutet, daß ich von Gott geschaffen bin, die treibt mich um …
Ich hatte einmal eine schwarze Putzfrau aus Ghana, mit der ich ganz gut befreundet bin. Anfang der neunziger Jahre, als die rassistischen Unruhen in Deutschland anfingen, erzählte sie mir, jemand habe sie gefragt: „Ja, traust du dich denn überhaupt noch, in der S-Bahn zu fahren, also noch schwärzer als du kann man ja überhaupt nicht sein"– was übrigens der Wahrheit entspricht. Und da sagte sie den Satz: „I am a child of God and I don't want to die in the S-Bahn." Ich empfand das als eine absolut erstaunliche Kombination. Sie begriff sofort, was es bedeutet, ein Kind Gottes zu sein. Es bedeutet: Ich habe eine Würde, ich bin von Gott geliebt – ohne daß es ein religiöses Gespräch war. Daraus habe ich sehr viel gelernt. Kind Gottes zu sein ist die tiefste Begründung der menschlichen Würde. Und das heißt auch, daß ich nicht immer in gleicher Weise funktionieren muß und daß ich nicht für ewig gebunden bin.

Der christliche Glaube enthält eine ungeheure Zumutung: Gerade die Feinde soll man lieben, und seien es Rassisten oder andere Menschenverächter…

DS: Ich finde es ziemlich schwierig, seine Feinde zu lieben, und die Menschheitsfeinde erst recht. Das fällt mir wirklich nicht leicht. Aber auch für die Liebe zu den Feinden ist es die Voraussetzung, daß man sich nicht ausreden läßt, daß Umkehr möglich ist. Die rüstungsproduzierenden Fabrikherren könnten ja auch Pflugscharen produzieren oder irgend etwas anderes. Umkehr, Konversion ist ein Grundbegriff, gerade auch hier. Konversion ist möglich! Dasselbe gilt für die Ökologie, wo es noch schwerer zu zeigen ist. Aber auch

hier ist Umkehr möglich. Ich finde es manchmal geradezu grotesk, daß wir in einer Welt mit soviel Wissen über das, was wir tun, leben. Keine Generation in früherer Zeit wußte so genau Bescheid, was sie tut und wo es hinläuft, und obwohl Pläne vorhanden sind, passiert nichts. Es gibt zur Zeit keinen ernsthaften ökologischen Umbau, jedenfalls nicht hier in unserem Land. Man muß abwarten, ob sich unter einer rot-grünen Bundesregierung etwas ändert. Aber ansonsten gilt: Wir wissen genau, daß wir in den Untergang rennen, rennen aber weiter.
Ein zentraler Punkt meiner Politischen Theologie ist der, daß es auf dem Boden des erleuchteten Selbstinteresses des Individuums nicht gelingen kann, an die Umkehr zu glauben. Das ist das moralische Grundkonzept des Kapitalismus: Wenn wir alle vernünftigerweise unseren Interessen nachgehen und Profit machen, dann wird sich der Wohlstand auf wundersame Weise auf alle Menschen in der Gesellschaft verteilen. Wenn jeder für das Seine sorgt und dabei die Rechtsstaatlichkeit beachtet, dann - so lautet die herrschende Meinung im Kapitalismus - ginge es uns allen gut. Ich glaube nicht, daß das reicht. Die Katastrophe, in der wir stecken, ist wirklich zu groß, als daß wir mit diesen Prinzipien, mit dieser Anthropologie des interessegeleiteten Individuums einen Weg aus der Krise finden.

Genau gegen diese individualistische Perspektive tritt die kommunitaristische Bewegung in Nordamerika an.

DS: Ich habe das noch nicht so genau erforscht. Ich habe es bisher eher umgekehrt gesehen, daß nämlich die gesamte Fortschrittshoffnung mittlerweile auf die Einhaltung der Menschenrechte zusammengeschrumpft ist, und diese werden rein formaljuridisch betrachtet. Damit ist der Hunger kein Menschenrechtsproblem mehr. In dieser Sicht ist Hunger etwas ganz anderes, er hat nur mit Wirtschaft zu tun, jedoch nichts mit Menschenrechten. Aber die Menschenrechte werden eingeschränkt, indem die kollektiven Menschenrechte gar nicht mehr gedacht, überhaupt nicht mehr gesehen werden. Daß auch unsere Enkel ein Recht haben, in einem Fluß zu schwimmen, wird noch gar nicht als Menschenrecht gesehen. Der letzte humanistische Anstandsrest im gegenwärtigen Zustand scheinen mir die individuellen Menschenrechte zu sein. Schlimm genug, daß wir sie brauchen. Man ist sich einig darin, daß man Dissidenten nicht einsperrt und daß man niemanden foltert. Aber daß man Waffen in die Türkei liefert, ist offenbar keine Verletzung der Menschenrechte.

Ohne zynisch erscheinen zu wollen können die Menschenrechte nur dann eingefordert werden, wenn die Grundbedürfnisse der Menschen nach Nahrung, Kleidung, Obdach befriedigt sind. Zugleich aber hat die westliche Welt von den sozialistischen Ländern jahrzehntelang nur die politischen Rechte eingeklagt und dabei die weltweite Ungerechtigkeit vergessen oder vertuscht …

DS: Richtig. Auch die Frage, was nötig ist, um die sogenannte Bevölkerungsexplosion zu stoppen, wurde nie wirklich angegangen. Daß dies ohne Erziehung, ohne breite volkstümliche Erziehung, ohne Frauenbildung, ohne Lehrer nicht geht, ist ein Punkt, an dem man sehr klar zeigen kann, wie Menschenrechte verletzt werden. Das Recht auf Erziehung und Bildung wird einem immensen Teil der Weltbevölkerung ständig verweigert. Wenn die Weltbank den armen Ländern sagt, ihr müßt euren Staatshaushalt kürzen, macht eben diesen und jenen Kindergarten zu, bezahlt die Lehrer noch mieser, so ist das auch ein Angriff auf die Menschenrechte.

Ihr Menschenbild erscheint in jüngster Zeit stark aus mystischen Quellen gespeist. Warum eigentlich?

DS: Ich bin immer tiefer davon überzeugt, daß die radikalste Begründung der menschlichen Würde die Erfahrung des Einsseins mit Gott darstellt. Und diese Erfahrung des Einsseins mit Gott ist Mystik! Das sieht natürlich in den verschiedenen Traditionen unterschiedlich aus, aber letztlich geht es in der jüdischen Mystik, in der islamischen Sufi-Mystik, in christlichen mystischen Erfahrungen immer wieder um diesen Kerngedanken. Die Mystik überwindet das Gehorsamsverhältnis zu Gott in ein Liebesverhältnis hinein - so kann man das wohl allgemein sagen. Ein solches Verständnis des Verhältnisses zwischen Mensch und Gott geht weg von diesem „Es ist dir gesagt, was gut ist" oder „Man höre, was Gott sagt". All diese Formulierungen erscheinen gar nicht mehr, brauchen gar nicht mehr zu erscheinen. Statt dessen geht der Anstoß der Bewegung innerhalb der Gott-Mensch-Beziehung immer vom Menschen aus. Es ist die Liebe, die Liebe der Menschen zu Gott. In welcher Sehnsucht, mit welcher Inbrunst und wie ungestüm Menschen sich Gott nähern, das wird in der Mystik thematisiert. Menschen begeben sich auf diese Suche, und darin sind sie natürlich schon von vornherein ganz anders autonom, als wenn sie nur die Befehle eines himmlischen Herrn erwarten. Hier werden solche Begriffe wie Gehorsam zunehmend relativiert, aber von innen gefüllt, so daß sie eigentlich gar nicht mehr Gehorsam im Sinne einer Abhängigkeit meinen. Der Gehorsam und die Demut sind dann die Folge der eigenen Gottsuche. Bei Meister Eckhart habe ich etwas darüber gelesen, das fand ich sehr, sehr gut. Eckhart schrieb, es fehle uns an beidem, an einem äußersten Grad von Demut und einem äußersten Grad von Hochmut, nämlich Gottes zu bedürfen, Gott zu umwerben und auf Gott zuzugehen. „Demut aus Herzensgrund und ungestümes Verlangen", nannte Eckhart dies. Das empfinde ich als eine sehr tiefe Einsicht. Das ist eine völlig andere Beziehung zu Gott, die dann möglicherweise auch eine andere Beziehung zur Schöpfung, zu anderen Menschen, ich meine aber auch zum eigenen Leben hervorruft.

Vielleicht kann ich es nochmals so sagen: Ich denke, daß die Mystik die Würde des Menschen anders konstituiert als die herrschende Theologie. „Das Universum ist um deinetwillen geschaffen", heißt es in einer jüdischen Geschichte, die bei Buber überliefert ist. Rabbi Bunam nämlich sagte zu seinen Schülern: Jeder von euch muß zwei Taschen in seiner Jacke haben, um bei Bedarf in die eine oder in die andere greifen zu können. In der einen Tasche liegt ein Zettel, auf dem steht: „Das Universum ist um deinetwillen geschaffen." Auf dem Zettel in der anderen Tasche steht: „Du bist Staub und Asche". Wunderbar! Ich denke, daß die Leute in unserer Religion mehr den Aschen-Zettel in der Hand haben. Es fehlt diese wirkliche Selbstgewißheit, dieser hohe Mut, wie Eckhart das nannte. „Der edle Mensch" ist auch so eine Formulierung, wobei eben nicht der Edelmann gemeint war, sondern etwas ganz anderes: „Gott könnte nicht ohne mich sein." Solch ein In-Gott-Sein bewirkt eine ungeheure Würde und Kraft. So wie wenn ich sage: „Du bist zur Liebe fähig! Es ist gar nicht wahr, daß du das nicht kannst oder daß alles verloren ist." Das gibt den Menschen Zutrauen zu sich selbst und zu anderen.

Ein weiterer Zugang zu Gott, der in Ihrem Werk erkennbar ist, ist der der Freude. Wie kommt das, da Sie sich doch immer wieder auf Leidenssituationen beziehen?

DS: Auch das Motiv der Freude stammt aus der Mystik. Die Mystiker haben immer gesagt, daß nur sie wüßten, was Freude ist, und zwar, weil sie die Freude nicht als „Freude an", zum Beispiel an einem neuen Armband, also an Gegenständen definiert haben, sondern als „Freude in" begreifen. Etwas, das in sich grünt und blüht und wächst. Wie ein springendes Fohlen, das einfach so herumspringt, hat Eckhart einmal gesagt. Die Tiere loben Gott durch ihre Freude am Dasein, nicht durch Sprache. Das Lob Gottes und die echte Freude sind eins. Heute könnte man natürlich sagen, es ist so eine Art Zugehörigkeit zum Leben, die in aller Mystik aufscheint, insbesondere in der mystischen Musik, zum Beispiel dem Kletzmer. Hier, in der chassidischen Tradition, bei den Schankwirten und Possenreißern ist jene ungeheure Freude zu finden. Das ist eine Freude, die in sich steht und sich nicht an Gegenständen oder bestimmten Lusterfahrungen festmacht.

Es wäre völlig falsch, sich nur vom Leiden her zu verstehen. Von der Freude ist zum Beispiel in den Psalmen zu lesen: „Lobe den Herrn, meine Seele!“- „Preise, meine Seele, den Ewigen!“ Da ist so viel Jubel drin. Wir klatschen in die Hände - das sind ungeheure Bilder von Freude. Für die Mystiker stammt sie stets aus Gott. Sie ist in dem Geber alles Guten gegeben und ist unabhängig von den Gaben. Ein Sufi-Mystiker sagte einmal: „Was ist Sufismus? Freude finden im Herzen, auch in den Zeiten des Kummers.“ Auch wenn alles, was mein Leben bestätigt oder bereichert, weggenommen ist, gilt es, in dieser Freude an Gott zu leben und sie auszustrahlen. Es gibt Beispiele dafür, wo das wirklich geschehen ist. Vielleicht haben wir das zu wenig thematisiert in der Politischen Theologie, die so stark vom Leiden ausging. Das ist sicher ein Defizit. Hier können wir wieder von den Lateinamerikanern lernen. Die Befreiungstheologie artikuliert ja auch unglaublich viel Freude.

Protest, Gewalt, Beliebigkeit – Tendenzen in Gesellschaft und Kirche heute

Wechseln wir das Thema. - Vor genau zehn Jahren, im Frühjahr 1989, begannen in Leipzig die ersten Montagsdemonstrationen. Die protestantische Kirche hat großen Anteil am Ende der DDR und damit an der deutschen Einheit. Wie sehen Sie demgegenüber die Rolle der protestantischen Kirche im Westen?

DS: Die Erfahrungen waren anders. Nur weil es in der DDR einige Protestanten gab, gab es doch schon sehr viel Aufruhr. Dabei hat sich die Unterdrückung oder die Beschränkung der Möglichkeiten im SED-Staat auch gut auf die Kirche ausgewirkt. Sie hat eine Art protestantischen Trotz hervorgebracht, der sehr gut und produktiv war. Zum ersten Mal seit 400 Jahren stand der Protestantismus auf der richtigen Seite, nämlich auf der Seite des Volkes. Das war wunderbar, doch kurz nach der Wiedervereinigung kam es aufgrund der Stasi-Erkenntnisse - an denen wurde dann alles aufgehängt - zu einem richtigen „Backlash". Das ist ganz merkwürdig. Anstatt die Realität des Widerstands klar zu sehen, wurde seine Bedeutung verharmlost. Die ganze Wiedervereinigung wurde als Übernahme hingestellt, und auch die Stimmen der Bürgerrechtsbewegungen wurden völlig verdrängt. Die Wiedervereinigung war ein politisches Ereignis, das ist klar, aber dieses Ereignis hat in Deutschland gewissermaßen auch eine geistesgeschichtliche Bedeutung.

Worin sehen Sie den Grund dafür, daß der Widerstand nach der Wende schnell vergessen wurde?

DS: Eine Begründung liegt sicher in der Postmoderne, in der so etwas wie Entschiedenheit und positionelle Festigung scheinbar nicht mehr gebraucht wird. „Anything goes" – das ist das Stichwort postmoderner Haltung. Man kann alles auch anders sehen – ich sehe es so, du siehst es so. Ich finde zum Beispiel, daß in vielen Gesprächen die Toleranz überbewertet wird. Das klingt verrückt, wenn man das sagt, aber es ist die reine Wahrheit. Die Leute, die überhaupt nichts mehr im Kopf haben, sind es, die von Toleranz faseln. Da sie noch nie daran gelitten haben, daß jemand anders obdachlos ist, können sie dies freudig tolerieren. Wir haben doch zu viel Toleranz. Die schlimmsten Dinge werden toleriert. Rassenhaß und Antisemitismus werden toleriert. Solche Phänomene sind mit dem Wort Intoleranz gar nicht mehr zu beschreiben. Das ist etwas ganz anderes. Das heißt natürlich keineswegs, daß ich gegen Toleranz bin. Aber man sollte sie relativieren.

Toleranz ist eine wichtige aufklärerische Tugend, aber wenn sie sich zur einzigen Tugend verdünnt und alles andere, nämlich wirkliche Barmherzigkeit, Nächstenliebe oder Solidarität und Gerechtigkeit, wegfällt und nur noch diese nette Toleranz übrigbleibt, dann ist das schlimm. So etwas entspricht genau einer postmodernistischen Relativierung aller Werte. Was man aus konservativer Sicht „Werteverfall" nennt, ist ja eine Realität. Auch der Verfall der Erziehungsmächte und ihre Ersetzung durch den Markt, beispielsweise durch das Angebot der Spielzeugindustrie in der Erziehung – das alles ist ungeheuer stark.

Meine Enkelin etwa stellte eine Tages fest, daß ihre Puppen nicht die richtigen waren, weil es keine Barbie-Puppen waren. Ich habe das bei meinen älteren Kindern nicht mitgemacht, aber meine Jüngste hatte damals auch welche. Ich fand sie gräßlich. Dahinter steckt ein Riesenkonzern, und man bekommt suggeriert, man sei nicht „in", wenn man diese Puppen nicht hat. So etwas ist eine regelrechte Erziehung zum Konsum. Man kann daran studieren, wie eine solche

Strategie gemacht wird. Die Puppe hat verschiedene „Outfits“. Wenn sie in die Stadt geht, zieht sie sich dies an, und wenn sie zum Ballett oder zum Sport geht, jenes – und das muß man alles haben. Das ist ungeheuer abgefeimt, und es stecken immense Zwänge, Konsumzwänge dahinter: Das mußt du haben, die anderen Schuhe, die sind nichts, das ist nicht die richtige Marke.“ Wenn ich mit größter Anstrengung überhaupt einen Unterschied feststellen kann, dann sind es wirklich lächerliche Nuancen.

Ein kleiner, frecher Essay über die Postmoderne, den ich zusammen mit Kuno Füssel und meinem Mann Fulbert Steffensky geschrieben habe, trägt den Titel: „Die Sowohl-als-auch-Falle. Eine theologische Kritik des Postmodernismus“ (Luzern 1993). Ich bin deswegen mehrfach angegriffen worden, weil wir vielleicht etwas leichtsinnig mit Autoren wie Derrida und anderen umgehen. Aber das Büchlein ist eine Polemik, es will solche Entwicklungen bewußtmachen.

Das also wäre für mich eine Begründung, nach der Sie gefragt haben: Die Entwicklung von der Moderne mit ihrem aufklärerischen Anspruch hin zur Postmoderne, die diesen Anspruch aufgegeben und in eine totale Relativierung, Ästhetisierung und Privatisierung eingewilligt hat. Die Ästhetisierung spielt dabei eine ungeheure Rolle, sie umfaßt das gesamte Leben. In der unteren Mittelklasse, in der ich mich meistens bewege, ist dies noch nicht so sehr ausgeprägt. Ich empfinde es zum einen als Generationskonflikt, wie wichtig das Outfit für jüngere Leute ist. Der Sinn dafür, daß etwas so sein muß und nicht anders, entspricht einer ungeheuren Sinnlichkeitskultur. Man könnte auch sagen: einer Augenkultur.

Zum anderen würde ich sagen, daß der Siegeszug der Wissenschaft ein positivistisches Wissenschaftsverständnis nach sich zog. Im Alltag fällt mir oft auf, wie stark die Einschüchterung durch Wissenschaft ist. Dagegen kommt zum Beispiel das Gewissen gar nicht mehr an. Die Eltern brauchen meterweise Bücher über Psychologie, um ihrem Kind einen Kuß zu geben oder einen Klaps zu versetzen – das ist schreck-

lich. Das ist eine totale Aufhebung jeder Unmittelbarkeit. Man kann alles besser machen, es herrscht ein ungeheurer Perfektionsdrang. Alle Haltungs- und Sprachschäden werden korrigiert, sämtliche Anlagen werden ausgebildet, mindestens zwei erziehungsbesessene Erwachsene stürzen sich auf ein unschuldiges Baby. Diese Zwänge sind sehr stark. Man braucht dazu eine gebildete, aber nicht berufstätige Frau, die nachmittags diese Kinder, wenn man auch noch zwei davon hat, rumkutschiert. Von der Tennisstunde zum Golf und zum Ballett - es ist Wahnsinn, und er fängt schon im Kindergarten an. Ich habe selbst erlebt, welchen Zirkus Eltern veranstalten, wie schnell sie ihren Kindern die Kindheit austreiben. Die Kinder haben auch Termine. Dagegen war Johanna, meine Enkelin, dann immer das unschuldige Kind aus Bolivien, die keine Termine hatte. Und damit galt sie auch weniger, das ist ja ganz klar. Du bist dann nicht so bedeutend oder beliebt, wenn Du keine Termine hast.
Dies alles sage ich nicht nur als Anklage gegen die Gesellschaft, diese Kritik trifft die Kirche genauso. Die Kirche hat zuwenig Institutionen hervorgebracht, die diesen Entwicklungen die Stirn bieten könnten. Ich vermute, daß diese mangelnde Glaubwürdigkeit mit dem generellen Rückgang des Christentums zu tun hat. Und wenn das Christentum doch einmal auf gute Weise sichtbar wird wie im Fall des kirchlichen Widerstands gegen das DDR-Regime, dann ist es binnen kurzem vergessen, verdrängt.

Auch im Westen gab es ein starkes christliches Engagement in der Friedensbewegung in den siebziger und achtziger Jahren. Gibt es heute noch ein Erbe der Friedensbewegung?

DS: Bei der Friedensbewegung hat sich natürlich objektiv viel verändert. Nach dem Zusammenbruch des staatssozialistischen Ostens und dem Ende der Drohung sieht man, daß wohl nicht die Drohung gegen die anderen, sondern das

Gefühl der eigenen Bedrohtheit das Hauptmotiv der Friedensbewegung war. Nur die Leute, die außer diesem Motiv, selber bedroht zu sein, noch andere Motive hatten, machten weiter mit. Anfang der neunziger Jahre kam ein weiteres dazu: der Jugoslawien-Konflikt. Doch dabei sind die Kategorien durcheinandergeraten. Ich halte es für falsch, zu sagen, daß der Pazifismus versagt hat, wie das gerne von Rechts oder von neuen Bellizisten behauptet wird. In den Medien wurde es so dargestellt, als hätten die westlichen Länder keine Alternative gehabt, als Bomben über Serbien abzuwerfen. Jede wirkliche Handlungsalternative wurde totgeschwiegen. Die Medien haben bis heute den Eindruck verbreitet, wir hätten nichts anderes machen können.
Ich bin keine absolute Pazifistin. Dazu bin ich viel zu sehr von der deutschen Geschichte geprägt. Wir säßen vielleicht nicht hier, die ganze deutsche Geschichte wäre anders verlaufen, wenn nicht zahlreiche Nicht-Pazifisten, die alliierten Truppen, das Hilter-Regime weggefegt hätten. Insofern halte ich es für möglich, daß in bestimmten Situationen die Anwendung von Gewalt notwendig ist. Gewalt als letzter Ausweg. Das ist ein Gefühl, das eigentlich jeder kennt: „Man müßte doch einmal dreinschlagen." Das verstehe ich sehr gut. Aber soll man etwa Atombomben auf Serbien oder den Irak werfen? Innenpolitisch halte ich das für völlig katastrophal, diesen Schwenk der offiziellen Meinung zum Bellizismus.

Könnten Sie diesen Punkt noch etwas erläutern? Gewalt gibt es von oben, von innen, von unten - so schreiben Sie in Ihrem Buch „Gewalt - ich soll mich nicht gewöhnen." (Düsseldorf 1994)

DS: Gewalt von innen ist eine neue Entwicklung seit Anfang der neunziger Jahre, wie das Anwachsen der rassistischen und ausländerfeindlichen Gewalt, oder auch das Anwachsen von Gewalt größerer Kinder gegen kleinere Kinder, und zwar in ganz Europa. In den USA gab es das wohl schon viel früher, auch die Gewalt an Schulen ist dort noch größer. Ich denke, diese neue Gewalt von unten, also von Jugendlichen, die einfach nicht mehr rational gebildet sind, sich vollaufen lassen und „Türken klatschen gehen"- was ja leider kein Märchen ist, sondern ein Stück Realität! -, das ist ein neues Phänomen. Das hat es in der Bundesrepublik früher so nicht gegeben. Die Frage ist dann, wie man darauf reagiert, wenn so etwas passiert. Die bürgerliche Reaktion darauf war, an Lichterketten teilzunehmen. Das ist eine begrüßenswerte Erscheinung, aber es reicht nicht. Denn die Gewalt von oben bleibt bestehen, sie zieht keinerlei Konsequenzen aus diesen Realitäten. Das wird überhaupt nicht mehr gesehen, allenfalls noch schicksalshaft wahrgenommen. Angesichts dieser Gewalt von oben kann wahrscheinlich die Gewalt von unten gar nicht ausbleiben.

Was verstehen Sie unter „Gewalt von oben"?

DS: Militärgewalt, Industriegewalt, Umbruch der Landschaften und so weiter - also das, was man üblicherweise unter Fortschritt versteht. Gewalt gegen die Natur wird täglich ausgeübt, Gewalt in zwischenmenschlichen Auseinandersetzungen ebenfalls. Auch die Konkurrenz ist ein Gewaltphänomen. Und noch einmal der Militarismus und die Militärindustrie: Die wachsen nach wie vor kräftig weiter. Das ist ein Musterbeispiel dafür, daß die Gewalt von oben weiter funktioniert. Oder die Sozialkürzungen der vergangenen Jahre, wie die Schließung aller DDR-Jugendheime und ähnliches. Das alles ist letztlich unverantwortlich.

Glauben Sie, daß die Gewalt von Jugendlichen bewußt ideologisch gesteuert wird, etwa durch extrem rechte Gruppierungen und Parteien?

DS: Zum Teil glaube ich das schon. Hinter der Propaganda der Neonazis stecken richtige Nester und Netze von sehr gut organisierten Rechten. Das ist sicher lange Jahre von unserem Verfassungsschutz übersehen worden. In diese Ecke hat man zu wenig hingeschaut. Es ist ja ganz erstaunlich, wie gut das funktioniert, auch mit dem Internet und all den neuen Technologien. Für die Jugendlichen selbst, denke ich manchmal, sind Nazisymbole eher Reizsymbole, mit denen man sehr gut und leicht provozieren kann, so wie früher lange Haare ein Reizsymbol für Eltern oder autoritäre Lehrer waren. So ähnlich wirken Hakenkreuze, die man irgendwo hinschmiert. Dazu gehört viel Mut, und für einen jungen Mann ist das eine Mutprobe. Ich glaube aber nicht, daß der so viel dabei denkt. Wahrscheinlich dürfte man das nicht so sehr durch Strafen allein bekämpfen, sondern eher durch andere Inhalte ersetzen, die noch mehr Mut erfordern. Wenn man sich zum Beispiel für Ausländer einsetzt, ist das an manchen Stellen mutiger. Ich denke, daß das eher ein Verwahrlosungsphänomen ist als ein richtiger Rechtsruck. Ganz erklären kann ich mir diese Zunahme an Gewalt jedoch auch nicht. Sicher spielt die Mechanisierung des ganzen Lebens mit hinein. Jedes Ding ist eigentlich wie ein Auto, so stellt man sich das vor. Der menschliche Körper muß zur Inspektion, es werden die Ersatzteile gewechselt. Eine solche mechanistische Vorstellung nimmt immer mehr zu, und sie hat in sich etwas Gewalttätiges und etwas absolut Individualistisches. Um nur ein Beispiel zu geben: Ich halte es für problematisch, wenn Kinder nicht wissen, was es heißt, einen Pudding zu teilen und sich darum auch mal zu streiten. Das sind Auseinandersetzungen und Machtkämpfe. Ich erinnere mich, daß dies in unserer Familie sehr heftig ausgebildet war. In der Hungerzeit galt immer der Grundsatz: Der eine teilt, der andere wählt. Ein kluger, demokratischer Grundsatz! Solche Spielregeln werden jedoch in der Ein-Kind-Familie nicht mehr erfunden.

„Gebraucht werden" oder eben „nicht gebraucht werden" - liegt hierin die Ursache der Gewalt?

DS: Im Horizont des technischen Weltverständnisses werde ich als Individuum immer nur als jemand gesehen, der Dinge braucht, als *user,* aber nicht als jemand, der selbst gebraucht wird. Ich werde ständig behandelt und aufgefordert, und ich lerne die Dinge vernünftig zu gebrauchen, richtig und korrekt. Aber unter gebraucht werden verstehe ich etwas ganz anderes. Es geht um Kreativität und um Gegenseitigkeit in Beziehungen. Das tritt üblicherweise zurück, gerade im Schulbetrieb, im Lernbetrieb und so weiter - ein Prozeß, der die Individualisierung fördert, auch ideologisch. Sie gilt als hoher Wert. Wir sind jetzt endlich soweit, daß wir uns das wirklich Individuelle leisten können. Schon seit längerem habe ich das in den USA sehr stark beobachtet: Dieses absurde „keep your options open", leg' dich nicht fest. „Du brauchst dieses Mädchen ja gar nicht zu heiraten. Ganz überflüssig, kannst ja mal sehen, vielleicht findest du noch eine Bessere." Das ist in allen Fragen ein Gesichtspunkt des Marktes. „Also ich könnte diese Schuhe kaufen, vielleicht finde ich noch bessere irgendwo anders." Und das wird als Freiheit definiert. Es ist aber nur eine Optionsfreiheit, wo ich hinfliegen kann übers Wochenende, wie ich in welchen Beziehungen lebe und so weiter.

All dies hat gar nichts mit Aufgaben und mit Gebraucht-Werden in dem Sinne zu tun, wie ich es verstehe. Der ganze Freiheitsbegriff ist, glaube ich, mittlerweile so individualistisch besetzt, daß eigentlich gar nichts mehr übrigbleibt als das große aufgeblasene Ego. Dazu passen auch solche Begriffe wie Selbstverwirklichung. Es klingt sehr konservativ, wenn man das sagt, aber diesen Begriff von Selbstverwirklichung und die ständige Frage „Macht es dir Spaß?" halte ich für falsch.

Auch die feministische Befreiungstheologie unterscheidet sich darin noch einmal von bürgerlicher feministischer Theologie. Hier wird es sicher noch eine weitergehende Ausein-

andersetzung geben zwischen denen, die die Selbstverwirklichung als zentrale Kategorie einfordern, und denen, die auf Interdependenz, Gegenseitigkeit in Beziehungen setzen. Letzteres ist die Individualität, die ich eigentlich meine: das Miteinander in Freiheit bestimmen. Ich habe einige Fragen an den Begriff „Autonomie". Ich habe inzwischen Zweifel, ob dieser Begriff wirklich so unbefangen als zentraler Begriff der Aufklärung übernommen werden kann.
Ich bin skeptisch gegen einen übersteigerten Autonomiebegriff, aber ich frage mich, wie man Autonomie begrenzen oder wie man sie klarer fassen kann. Wenn Autonomie nichts als Selbstverwirklichung bedeutet, was wird dann zum Beispiel aus der Natur in einem solchen Entwurf? Theologisch verstanden ist sie ja Schöpfung.

Dazu gehört auch die Frage, was dann aus dem anderen Menschen wird, dem Gegenüber …

DS: Der Andere wird dann eben als Anderer gar nicht mehr wahrgenommen. Darin liegt die Verletzung der Menschlichkeit! Wahrscheinlich war dies in der Zeit der Aufklärung noch gar nicht so schlimm, denn damals waren die jüdisch-christlichen Grundgedanken und das dazugehörige Menschenbild noch fest verwurzelt. In jener Zeit stand Autonomie wirklich für eine Freiheitsbewegung. Aber heute, in einer Welt, in der die biblische Sicht des Menschen zusammenbricht und der Andere nur noch als verfügbares Material gesehen wird, ist das etwas anderes.

Zugleich läßt sich aber heute auch eine Suche nach tieferem Sinn, gesünderem Leben, auch nach Religiösem ausmachen.

DS: Ja, das bemerke ich auch. Die Menschen sind auf der Suche nach einer mystischen, also nicht autoritären Reli-

gion. Religion kann nicht mehr autoritär erzwungen werden – an diesem Grundsatz muß man festhalten. Schließlich ist dies gerade der Hauptvorwurf, den so viele Jugendliche an die Kirchen richten. Es geht immer wieder in diese Richtung: Religion bedeute Zwang, Drohung, Strafe, Negativität, Über-Ich und so weiter. Das alles ist passé, da kann man wirklich nichts mehr wiederentdecken. Aber eine selbstgewählte Religiosität läßt sich nicht ererben. Es ist wichtig, sich das klarzumachen, daß Religion eben nicht einfach Erbe ist, das über uns kommt. Die heutige Suche nach Religion ist sicher eine Folge des modernen Individualismus. Religion, sagt man so, ist meine Sache. Und eine solche Religiosität hat also von vornherein andere Kriterien. Die Schwierigkeit, die ich dabei sehe, liegt darin, daß sich eine solche Religiosität schwerlich institutionalisieren läßt. Ich bin keineswegs ein Institutionen-Feind. Ich halte es für eine Verirrung, wenn vielfach gerade in diesen religiösen Bewegungen, aber auch in esoterischen Gruppen eine große Angst vor Institution, vor Machtmißbrauch, vor Herrschaft aufkommt. Man sollte eher die Institutionen und ihre Herrschaftsstrukturen durchsichtig machen, man kann sie nicht einfach abschaffen. Das ist eine Illusion. Aber man kann sie durchsichtig und demokratisch machen.
In diesem breiten Bereich der Religiosität sehe ich einerseits ein echtes Bedürfnis, andererseits ein Hereinfallen auf alle möglichen Angebote des Marktes.

Warum findet die Suche nach Religion an den überlieferten Formen, an den Kirchen, keinerlei Interesse mehr?

DS: Nun, ich glaube, daß man schon sagen kann, daß in den Kirchen noch zuviel Autorität im Sinn eines Machtanspruchs vorhanden ist. Deswegen war die Situation etwa des Protestantismus in der DDR so anders. Die hatten ja keine andere Autorität außer der ihres Glaubens, seiner Wahrheit. Die Christen in der DDR hatten ja keine Macht.

Wer da hinging, der wußte schon, warum er oder sie hinging. Nicht, weil der Papa es gesagt hatte. Eine solche Situation, die kann man sich eigentlich nur wünschen, daß irgendwann einmal die Autorität so zurückgedrängt wird und die Freiwilligkeit in der Religion selbstverständlich wird. Dann wird es vielleicht auch möglich sein, das Erbe wieder anzunehmen, statt es zu ignorieren. Das erschüttert mich manchmal, wie und mit welcher absoluten Unkenntnis gerade von der jüngeren Generation das Christentum gesehen wird. Man hält es für eine Bande von machtgierigen Popen, die irgendwo in Rom sitzen. Aber daß es da auch ganz andere Sachen gibt, Hoffnungsgeschichten, Mut machende Überlieferungen, die Pflege der Pestkranken - wer hat so etwas denn gemacht? Die Geschichte des Christentums ist ja keineswegs reine Negativgeschichte. Das ist Unsinn, aber so wird das meist heute gelesen. Da ist mein Gefühl aber ganz stark. Viel Wichtiges wird dabei übersehen, gerade was es an Realität im Christentum auch heute gibt. Es gibt ganz konkret Machtverzicht, Geldverzicht, Autoritätsverzicht, und es gibt Christen, die danach leben. So etwas könnte dann wieder eine innere Autorität und Glaubwürdigkeit begründen.

An der Universität kann man die Ablehnung von allem Christlichen sehr genau beobachten. Mein Mann beispielsweise berichtet, wenn man einen Kurs über den Buddhismus anbietet, kommen die Leute in Scharen, wenn derselbe Dozent einen Kurs über die Gleichnisse Jesu anbietet, kommt niemand. Obwohl beides gleich unbekannt ist! Aber es ist einfach nicht interessant, es liegt nicht im Trend, und alles, was weiter weg ist, ist dann besser. Es ist so, als könnte man die eigenen Schätze gar nicht erkennen. Sehr oft bekomme ich nach Vorträgen oder Lesungen gesagt: „Das ist ja wunderbar, was Sie da gesagt haben, aber Sie meinen doch nicht etwa die Kirche?“ Und ich antworte dann stets unvermittelt: „Doch, ich meine natürlich die Kirche, ich meine vielleicht nicht diese Kirche, die wir jetzt gerade haben, aber ich meine

schon die Kirche." Aber das wollen die Leute überhaupt nicht hören. Vielleicht weil in meinen Aussagen etwas Humanistisches steckt und sie in irgendeinem Sinn anspricht, meinen sie, das könne mit Kirche nichts zu tun haben, denn Kirche ist bei ihnen negativ besetzt. Es ist wirklich sehr schwierig, da an die Leute heranzukommen. Ich denke, daß es hier wie bei jedem Feindbild ist: Es funktioniert am besten, wenn man möglichst wenig Feindberührung hat. Wenn man die Kirche und das Christentum überhaupt nicht kennt, kannt man es am leichtesten verurteilen.
Eine andere Beobachtung finde ich in diesem Zusammenhang ganz interessant: Die scharfe Abwendung von der Religion trifft vor allem das Christentum. Hingegen gibt es in intellektuellen Kreisen dem Judentum gegenüber eine neue Öffnung. Warum? Mag sein, weil das Judentum einem weniger Wunder zumutet, die man alle glauben soll, weniger Jungfrauengeburt oder was weiß ich. Dennoch existiert natürlich auch im Judentum ein Wunderglaube. Aber das wird gerne übersehen, weil man das Judentum als eine ethischere Religion sieht, die einen geringeren Erlösungsanspruch hat. Vielleicht auch deshalb, weil die Gestalt eines Erlösers nicht im Mittelpunkt steht. Es ist wirklich ganz interessant, daß viele, die der Religion völlig abgeschworen haben, sich mit dem Judentum zu beschäftigen beginnen. Doch das Christentum ist für sie einfach tot.

Ist das Ausdruck eines modischen Philosemitismus? Gerade unter Deutschen ist der Vorwurf des Antisemitismus ja oft recht schnell bei der Hand …

DS: Ja, ein bißchen schon. Problematisch allerdings ist es, wenn man Kritik an Israel und dessen Verhalten zur Intifada übt, und dann sofort gesagt bekommt: „Also du als Deutscher, halt doch mal das Maul. Wie kannst du dich da einmischen?" Das halte ich wirklich für falsch. Mir ist das sehr deutlich geworden am Weltgebetstag der Frauen, der vor einigen Jahren zur Situation der Palästinenser abgehalten wurde. Ich wollte damals nicht in die totale Ablehnung gehen, wie es einige christliche Theologinnen und Theologen gemacht haben. Wenn wir wirklich die Stimmen der Unterdrückten hören, wenn wir wirklich glauben, daß sie die Lieblingskinder Gottes sind, dann muß man das auch für diesen Fall, also für palästinensische Frauen gelten lassen. Hier kann man keine Ausnahme machen. An diesem Fall sieht man, in welche Schwierigkeiten man kommen kann, wenn man eine unkritische philosemitische oder proisraelische Haltung einnimmt. Das Interesse am Judentum darf eben nicht leichtfüßig oder romantisch sein.

Jetzt, am Ende des Jahrhunderts, ist noch eine weitere gesellschaftliche Frage brisant: die Frage nach der Erinnerung an den Holocaust. Die Debatte um das Holocaust-Mahnmal, die Wehrmachtsausstellung, die Rede von Martin Walser etc. zeigen, wie schnell hier die Emotionen hochgehen.

DS: Lassen Sie mich ein Beispiel erzählen. Vor einiger Zeit war ich in Ingelheim. Dieser Ort hatte am 9. November eine Aktion „Ingelheim erinnert sich“ geplant. Das wurde in der Öffentlichkeit und auch in den Schulen zum Thema gemacht. Ich war in einer Schule zu Gast, in der Oberstufe zusammen mit Jugendlichen und jungen Erwachsenen. Gleich am Morgen lautete die erste Frage eines Schülers, ob diese ständigen Wiederholungen in allen Unterrichtsfächern, also in Literatur, Geschichte, Politik, jetzt sogar in Englisch, notwendig sei. Es würde immer nur über dieses eine Thema geredet, auch in Religion. Ein junger Mann hat sehr scharf gesagt, das sei völlig sinnlos, es stünde einem bis zum Hals, und kein Mensch wolle es mehr hören. Ich glaube, in diesem Fall ist es zunächst einmal eine pädagogische Frage, wie man das jungen Menschen nahebringen kann. Dabei finde ich das Erzählen sehr viel besser als mit Zahlen und Statistiken zu

hantieren. Es gibt ja sehr gute Literatur über den Holocaust. Ich würde da auch im Religionsunterricht am liebsten literarisch arbeiten. „Jakob der Lügner“ von Jurek Becker zum Beispiel ist einfach ein großartiges Buch zum Thema. Solche Dinge halte ich für unendlich viel wichtiger als da immer wieder mit dem Zahlenargument zu kommen.
Auch theologisch müßte das Thema aufgearbeitet werden, denn innerhalb der Theologie ist der Antijudaismus noch längst nicht klar genug verurteilt worden. Ich habe schon oft wiederholt, was ich auf einer Tagung mit Elie Wiesel in den achtziger Jahren in den USA erlebt habe. Auf die Frage, ob das Judentum mit dem Holocaust zugrunde gegangen sei, antwortete ein Teilnehmer: „Nein, aber möglicherweise das Christentum.“ Über diese Aussage kommt man nicht so leicht hinweg.

Kirchenvisionen – für ein partizipatorisches und mystisches Christentum

In Ihrem Buch „Die Hinreise“ (Stuttgart 1975) haben Sie geschrieben, in der Religion drücke sich der Wunsch aus, „ganz zu sein“. Hat das Christentum hier eine Schwäche, die viele Menschen durch die Hinwendung zu anderen Religionen, insbesondere zu östlichen, überwinden wollen?

DS: Ich glaube schon, daß das Christentum, wie es sich historisch entwickelt hat, Ganzheit oft verleugnet und durch Herrschaft des Willens und des Verstandes ersetzt hat, wie zum Beispiel in der Herrschaft des Mannes über die Frau. Dieser Dualismus ist sicher eine Gefahr, und genau dies wird ja von vielen angegriffen. Das dualistische, nicht ganzheitliche Denken schreckt die Religionsuchenden ab und führt sie auf ganz andere Wege. Und das war den Orthodoxien aller Zeiten immer unheimlich. Das ist so ähnlich wie mit der Mystik: Auch sie war immer auf der Suche nach Ganzheit. Das gab es im Judentum ebenso wie im Christentum, etwa bei Meister Eckhart. Immer wieder tauchen die gleichen Auseinandersetzungen mit der Orthodoxie auf. Innerhalb der neueren esoterischen Bewegung nennt man die Suche nach dem Ganzen meist Holismus, und ich finde, daß vieles daran berechtigt ist. Es ist eine Kritik an der Technokratie, an ihrer Zerstückelung, Isolierung der einzelnen Phänomene, die man nur unter Sachzwängen betrachtet, aber nicht in Beziehung zu anderem setzt. Ich halte es für ganz richtig, daß sich Menschen auf solche Suchwege begeben. Was mich daran jedoch etwas traurig macht, ist die Tatsache, daß solche Dinge in der Bergpredigt gar nicht

mehr erblickt werden. Sie enthält eigentlich alles, nur in anderer Weise.
Aber vielleicht muß man sich zur Betrachtung der neueren religiösen Bewegungen nochmals der Frage nach dem Autoritären zuwenden. Das Autoritäre ist ja nicht nur im moralischen Bereich herrschend. Autoritäres zeigt sich ja auch in den Kirchenzwängen - eine sich frei entfaltende und sich selbst artikulierende Religiosität wird gar nicht mehr gewünscht. Die Menschen sollen nur eine vorgeplapperte Religiosität übernehmen. Die Rolle des Priesters oder Pfarrers ist die des Redners, die anderen haben zuzuhören. Das ist eine in sich autoritäre Figur. Und so vertrocknet die Religion von selbst. Sie ist fixiert und lebt eigentlich nicht mehr, weil sie den Selbstausdruck anderer, also zum Beispiel von Frauen, nicht zuläßt. Und je mehr das unterbunden und unterdrückt wird, um so steriler wird die Sache.

Zumindest in der katholischen Kirche besteht eine immense Diskrepanz zwischen dem, was in diesem Zusammenhang bereits durch das Zweite Vatikanische Konzil definiert ist, nämlich daß die Lehrautorität bei allen Gläubigen liegt, und dem, wie dies in der Praxis gehandhabt wird.

DS: Ja, dieser Gedanke ist nie wirklich gelebt worden. Er ist auch nicht anschaulich genug. Vieles von dem, was das Konzil großartig formuliert hatte, ist nicht durchgekommen und wird von den Gegnern des Konzils heute wieder zurückgedrängt. Das ist bitter. Ich hatte einmal - es ist schon ziemlich lange her - ein sehr interessantes Gespräch mit einer katholischen Frau in den USA, die sehr für die Priesterweihe von Frauen engagiert war. Wir sprachen darüber, wie das wäre, wenn Frauen Priester werden könnten, und ich sagte, nunja, das sei ja doch sehr weit weg, ein hoffnungsloses Unternehmen im Augenblick, jedenfalls soweit wir sehen können. Da sagte mir diese Frau, das sei aber gar nicht so wichtig, weil in jedem Fall etwas geschieht. Die Priester sind alle vollkommen überlastet und überaltert, es gibt ja kaum noch junge Priester. Und wir, sagte sie weiter, wir Laientheologinnnen übernehmen die Lehre, wir machen Jugendarbeit und Erwachsenenweiterbildung und Seelsorge und Sterbebegleitung und vieles mehr. Der Priester kommt noch, um die Sakramente zu vollziehen, aber das ist auch das einzige. Die Selbständigkeit der Gemeinden wächst - unter ganz anderen Voraussetzungen als gedacht. Diese Frau hatte ein unerschütterliches Gottvertrauen, daß dieser Prozeß von selbst weitergeht. Auch wenn es noch hundert Jahre dauert, bis die Kirche es begreift - das, sagte sie, macht uns gar nichs. Ich fand das sehr schön, es hat mich sehr erbaut, weil es ein subversives Modell war: Der Geist tut, was er will, und weht, wo er will. Da können die Oberen sich auf den Kopf stellen. Trotzdem ändert sich die Kirche und wird sich auch weiterhin ändern.

Hier in Deutschland erlebe ich oft, daß gerade katholische Frauen zu mir kommen und sagen: „Liebe Dorothee, ich bin Christin, soll ich denn weiter drin bleiben in dem Laden?" Meine generelle Position ist dann: „Ja, bleibe da drin und mache dir die Hände dreckig. Wohin willst du denn, wenn du austrittst?" Bei Frauen, die aus der feministischen Bewegung kommen, ist das oft eine existentielle Frage, beispielsweise bei Mary Daly. Sie hat den Schritt getan, ist ausgestiegen aus der Kirche und in eine ganz eigene Gruppierung eingetreten. Ich halte es für problematisch, sich von den Wurzeln abzuschneiden.

Welche Visionen von Kirche haben Sie?

DS: Es ist die schon genannte Verkleinerungs- oder Negativ-Vision: kleiner, ärmer, weniger mächtig. Die andere Vision ist die von einer viel stärker partizipatorischen Kirche. Ein simples Beispiel: Hier in Hamburg gibt es schon seit langem einen Universitäts-Gottesdienst. Eines Tages fragte mich ein

Freund, wie ich den Gottesdienst fände. Ich kam gerade aus Amerika zurück und sagte: „Schauderhaft! Du hast ja die ganze Zeit nur allein gebetet." Ich erzählte ihm von meinen amerikanischen Erfahrungen, von Gottesdiensten, in denen die Partizipation an vielen Stellen sehr viel größer ist, vor allem in den „Prayers and Concerns", in denen jede und jeder die eigenen Gebete vorbringen kann. Das ist etwas ganz anderes als bei uns. Schließlich hat man solche Formen im Universitäts-Gottesdienst eingeführt, und - es ist fast ein Wunder - es hat sich durchgehalten und weiterentwickelt. An einer Stelle im Gottesdienst gehen alle in den großen Chor der Kirche: ein Umzug, ein bißchen Bewegung. Dann steht man da im Kreis, und jeder und jede, die will, kann eine Bitte oder auch einen Dank äußern. Dazu singt man Kyrie eleison oder einen der Taizé-Gesänge. Das ist sehr schön. Ich habe wirklich gute Erfahrungen dabei gemacht. Das Rührendste war einmal ein etwas schüchternes Mädchen, eine Studentin, die sagte: „Ja, lieber Gott, jetzt fängt das Semester an, und da muß ich soviel Scheine machen, hilf mir doch." Es war wirklich so, daß man das Kind eigentlich nur in den Arm nehmen konnte. Daraus habe ich gelernt, Kirche ist eigentlich ein freier Raum, in dem so etwas möglich ist.
Ein anderes Beispiel, das allerdings sehr viel tiefer geht, finde ich ebenso ganz großartig: In einer methodistischen Kirche in Washington sagte eine Frau: „Es geht uns zu Hause sehr, sehr schlecht. Und er, mein Mann, ist jetzt ausgezogen, und ich weiß nicht, wie es weitergeht." Sie fügte noch einige Sätze an und sagte schließlich: „Denkt an uns und betet für uns." Später hörte man aus einer ganz anderen Ecke derselben Kirche einen Zwischenruf. Ein Mann sagte etwas Ähnliches. Hinterher erst habe ich begriffen, daß die beiden zusammengehörten. Sie waren beide in derselben Kirche, in derselben Öffentlichkeit, unter denselben Freunden. Das empfand ich als Zeichen von Freiheit, so etwas verstehe ich unter Partizipation und Freiheit. Eine Gemeinde ist ein Ort, wo du sagen kannst, wer du bist, wo du frei bist, wo

du keine Angst hast. Das stiftet natürlich in einem ganz anderen Sinn Beziehung und Gemeinschaft. Nicht dadurch, daß man nach dem Gottesdienst Kaffee trinkt, entsteht Gemeinschaft, das ist ja lächerlich, sondern dadurch, daß man etwas preisgibt von sich. Hier wächst etwas Ehrliches, Vertrautes zwischen den Leuten, man wird offen. Eine andere Frau sagte einmal: „Gestern habe ich erfahren, daß meine Tante Krebs hat. Sie ist eigentlich der Mensch, der für mich immer meine Mutter war." Solche Dinge erzählt man sonst nur im Privatgespräch und bringt sie nie vor Gott. Das ist eine Form von Gottesdienst, die mir vorschwebt, ein Gottesdienst, in dem man sich selbst ausdrückt, Erfahrungen teilt, sich mitteilt und sich nicht der Vereinzelung überläßt. Es wäre schön, wenn wir dem etwas näher kämen.
Ein Stück Vision von Kirche sehe ich eigentlich im Moment auch in den Kirchentagen realisiert. Es ist ja doch etwas Großartiges. Trotz einiger Einschränkungen, die man machen kann, ist bei Kirchentagen das politische Bewußtsein, das soziale Bewußtsein präsent. Einmal habe ich erlebt, daß man Bibeltexte ausgewählt hatte, die sich ausschließlich mit dem Fremden beschäftigen. Es waren unglaublich gute Texte, zum Beispiel: „Laß' dich nicht von der Mehrheit verführen", was gegen ein bei uns herrschendes, blödes, rein quantitatives Demokratieverständnis ausgelegt wurde. Die Tradition wird mit bestimmten Interessen gelesen und ausgewählt - wir wählen ja immer aus ihr etwas aus. Wir können nie die gesamte Tradition erschließen und weitergeben, dieser fundamentalistische Ansatz muß korrigiert werden.
Man muß beispielsweise auch sagen können, was Paulus im ersten Korintherbrief über die Frauen sagt, ist nicht Gottes Wort, sondern das Wort des Patriarchats, das sich darin widerspiegelt. Solche Stellen muß man kritisch hören und vielleicht Paulus selber dagegen anführen, was ja noch das Beste wäre, was man tun kann. Man kann nicht einfach sagen: „Da steht es geschrieben - basta!" Diese Arbeit der Auswahl wird natürlich bestimmt durch den Kontext. Und das

ist für mich, gerade auch als Protestantin, sehr wichtig. Im Protestantismus hat der Text eine sehr große Rolle gespielt. Er war etwas Heiliges, etwas Vorgegebenes. Dagegen halte ich die befreiungstheologische Hermeneutik für die richtige, die zunächst nicht vom Text, sondern vom Kontext ausgeht. Der Text wird erst daraufhin gesucht und wahrgenommen. Diese Vorgehensweise gehört zu meiner Vision von Kirche dazu - eine Dezentralisierung, eine möglichst weitgehende Eigenständigkeit der lokalen Verwaltungen, der Gemeinden, auch was die Auswahl von Texten für den Gottesdienst betrifft.

Zu Ihrer Bemerkung, der Kirchentag sei für Sie eine Vision von Kirche: Kirchentage oder Katholikentage wirken oft etwas fassadenartig oder evangelikal dominiert, zum Beispiel durch andauernde Halleluja-Gesänge. Ist hier die zurückhaltende, religionslose Theologie wie die Dietrich Bonhoeffers nicht viel sympathischer, die nicht auf derlei Äußerlichkeiten setzt?

DS: Bonhoeffers Ansatz enthält etwas Asketisches, etwas asketisch-protestantisch Männliches. Dieses religionslose Christentum läßt sehr wenig religiösen Selbstausdruck zu. Ich denke, wir brauchen mehr Anschauung, mehr Sinnlichkeit. Der Evangelische Kirchentag in Hamburg hatte zum Beispiel eine Abteilung, die hieß so ähnlich wie „Vorbilder und Gestalten des Glaubens“. Man nannte es noch nicht „Heilige“! Aber das ist es, was wir natürlich brauchen. Es ist notwendig, das konkret Anschauliche zu artikulieren, zu zeigen und davon Geschichten zu erzählen. Die narrative Methode gehört wesentlich dazu. Der Protestantismus ist hierbei viel zu dürr und repetitiv - man wiederholt nur das, was man immer schon gesagt hat. Das ist geblieben, und das wird natürlich durch so ein Halleluja von Billy Graham auch noch nicht verändert.

Katholikentage kann ich weniger beurteilen, da ich meist nur bei den „Katholikentagen von unten" gewesen bin. Ich will keineswegs alles, was auf Kirchen- und Katholikentagen geschieht, kritiklos loben. Solche Veranstaltungen haben auch Teil an der konsumorientierten Kultur, die manchmal wenig, zu wenig Partizipation mit sich bringt. Aber andererseits halte ich die Vorgehensweise für ein volkspädagogisch hervorragendes Mittel: Die vielen Gruppen, die zum Beispiel den „Markt der Möglichkeiten" mittragen, haben zwei Jahre Zeit, sich zu überlegen, was sie machen und wie sie sich das vorstellen, so daß sie sich nicht immer nur an dem kleinen Ort bei sich zu Hause bewegen. Das ist eine ungeheure Bestärkung und Herausforderung. Hinzu kommt das gegenseitige Lernen. Dadurch ist, so sehe ich das, im Protestantismus die Spaltung in einen „Kirchentag von oben" und einen „Kirchentag von unten" vermieden worden. Übrigens: Das ist ein ganz reformatorischer Ansatz.
Das heißt nicht, daß es nicht noch immer genug Probleme gäbe. Wir hatten jahrelang enorme Schwierigkeiten, da die ökumenische Bewegung zum Boykott der Banken, die in Südafrika handeln, aufgerufen hatte. Der Kirchentag hat dies auch immer proklamiert, sich aber selbst nicht daran gehalten. Als das herauskam, war das natürlich äußerst peinlich. Es folgte massive Kritik an der Kirchentagsleitung, und man konnte wieder sehen, wie wahnsinnig verflochten das Bankengeschäft ist und wie abhängig wir davon geworden sind.
Aber wie gesagt: Insgesamt sehe ich in den Kirchentagen eine gute Entwicklung. Als ich bei Gesprächen in den USA ein wenig vom Kirchentag erzählte, waren die Gesprächspartner immer sehr erstaunt darüber, was da gemacht wird und was sich da bewegt. Ein sehr interessantes Forum hatten wir beim Münchener Kirchentag. Es hieß: „Linke Selbstkritik - was haben wir falsch gemacht?" Leute aus der DDR waren dabei, die jetzt auch Selbstkritik üben, Wolfgang Thierse war dabei, ein Kanadier - alles war höchst interessant. Gerade solche Foren und Diskussionsveranstaltungen

bringen uns weiter. Auch wenn die Stimmung bei Kirchentagen äußerlich oft mehr in diese Halleluja-Richtung geht.

Sie erwähnten, daß in der evangelischen Kirche die Vorbilder, die großen Gestalten des Glaubens, die quasi „Heiligen" entdeckt oder wiederentdeckt werden. Kann man sagen, die protestantische Theologie war bislang zuviel Moral und zuwenig Erfahrung?

DS: Ja, das finde ich richtig. Das ist das, was ich als Patriarchatskritik formulieren würde. Das Wesen des Patriarchats ist es, den Logos von Gott, also die Theologie, der Erfahrung überzuordnen. Man nimmt sich zuwenig Freiheit, Erfahrungen mitteilbar zu machen. Die Konsequenz ist, daß das Volk Gottes eigentlich keine Sprache hat, sondern hilflos sagt: „Wir können doch nicht beten, das kann ja nur der Pfarrer." So weit, so geistlos ist das Volk unterdessen. Man stelle sich nur vor, da gibt es Abgeordnete, die werden dafür bezahlt, daß sie beten, und andere können das nicht. Das ist geradezu grotesk. Da liegt sehr, sehr viel im argen. Man kann den Protestantismus als Pastorenkirche verstehen. Doch wenn man einen Reformansatz hat und nicht einfach aus dieser Pastorenkirche austreten will, sondern hineingehen und subversiv arbeiten will, damit sich etwas ändert, kann man auch viele Möglichkeiten finden. Da bin ich mir sicher. Was ich beispielsweise immer wieder bewegend finde, ist, daß oft gerade die alten Mütterchen im Herzen der Kerngemeinde merkwürdigerweise offen sind für neue Ideen und Formen. Und das gerade im Gegensatz zu Leuten, die eh nur am Karfreitag in die Kirche gehen oder an Heiligabend. Das ist ganz absurd: Der Konservativismus ist oft stärker bei den Randsiedlern der Kirche, die eigentlich gar keinen Kontakt mit der Kirche haben. Sie halten sie aber für die Institution, die Ruhe und Ordnung gewährleistet, die für die Erziehung zuständig ist und so weiter. Gerade solche Leute regen sich auf, wenn man nun sagt, wir müssen eine Verstärkeranlage für unsere Jugendlichen anschaffen, und nicht eine neue Orgel. In solch einem Fall prallen die Kulturen aufeinander. Dafür gibt es Beispiele genug.

Wenn im Sinnlichen, im Leiblichen die Schwäche der evangelischen Kirche liegt, welche spezifische Gefährdung sehen Sie dann für die katholische Kirche?

DS: Ich würde sagen, ihre Hierarchiefixierung. Bischof, Papst – je höher jemand in der Hierarchie steht, desto mehr wird auf ihn geachtet. Im Mittelalter, in vordemokratischen Zeiten, war das etwas anderes. Damals war die kirchliche Stellung ein symbolhafter Ausdruck, eine Repräsentanz des Glaubens an Christus. In unserer Welt ist dieses Gebiet ja völlig starr besetzt. Die Würdenträger sind Prominente, mehr nicht. Persönlich habe ich fast mehr Freunde unter den Katholiken als unter den Protestanten. In den USA bin ich häufig für katholisch gehalten worden. „Wie kommen Sie denn darauf?", entrüstete ich mich, „ich bin urprotestantisch!" Dennoch: Wenn ich von der Befreiungstheologie erzählte, dem Catholic Worker, von pazifistischen Gruppen, dann wurde ich als katholisch identifiziert. Das fand ich höchst interessant.

Wie sehen Sie die Zukunft der beiden großen christlichen Kirchen? Worauf müssen sie sich besinnen, um auch in Zukunft eine wichtige Stimme in unserer Gesellschaft sein zu können?

DS: Das ist ein Thema, das mich sehr interessiert. Aber wie könnte man das denken? Ich würde erst einmal mit Karl Rahner sagen, daß das Christentum in Zukunft mystisch sein wird oder eben nicht sein wird. Das sind die zwei Optionen, die es gibt – und das versuche ich wirklich ernst zu nehmen. Ich würde aber auch sagen, es wird ökumenisch sein. Ich finde die Streitereien um den Glaubensprimat, um das „sola fide", ziemlich sinnlos. Was soll ich in der Sprache des 16.

Jahrhunderts über etwas streiten, was viel zuwenig Realitätsbezug hat und was der konkreten Erfahrung nicht mehr entspricht? Katholizismus und Protestantismus - das sind Heimatdialekte. Aber wir sprechen ja eigentlich auch alle hochdeutsch und lesen das sogar. Es ist schön, daß man in einer bestimmten Tradition verwurzelt ist, und ich habe da auch gar nichts dagegen.

Adolf von Harnack hat einmal den herrlichen Satz gesagt: „Wer sich mit Mystik beschäftigt und nicht katholisch wird, ist ein Dilettant." Solche Verwurzelungen sind gut, aber daraus Feindschaften zu konstruieren ist doch verrückt. Das entspricht auch sehr stark meiner Lebenserfahrung. Mein Mann beispielsweise hat die offizielle Kirche verlassen, weil er gerne Theologe bleiben und mit einer geschiedenen Frau mit drei Kindern verheiratet sein wollte. Eigentlich ist er im Herzen immer katholisch geblieben und hat mich katholisiert. Das ist gut, und ich empfinde es auch sehr stark, gerade im Zusammenhang mit der Mystik. Eine mystische Kirche soll es sein und eine ökumenische, in der Verschiedenheiten gelebt werden dürfen.

Es gibt eine neue konfessionsübergreifende Religiosität, die an vielen Stellen spürbar wird. Viele Menschen aus den beiden Kirchen gehen aufeinander zu. Die „Kirche von unten", die es ja auch gibt, ist trotz allem an sehr, sehr vielen Stellen wirklich über den Konfessionalismus von Rom und Wittenberg hinaus. Ökumene geht aber weiter: Auch die Befreiungstheologie ist ein ungeheures Geschenk Gottes. Menschen in Lima oder in irgendeinem Elendsviertel in Südafrika haben uns etwas zu sagen! Der Geist weht eigentlich dort. Das habe ich jetzt in dem sehr schönen Buch von Hadwig Müller gelesen, das ich sehr empfehle. Es heißt „Leidenschaft - Stärke Gottes, Stärke der Armen" (Grünewald-Verlag, Mainz 1998). Ich habe sie unterdessen kennengelernt. Sie hat zehn Jahre lang in Brasilien gearbeitet, und es ist wirklich hochinteressant, wie sie versucht, die Ohnmacht Gottes und den Schmerz Gottes aus den Erfahrungen der Lei-

denden heraus zu verstehen. Gott kann leiden. Das wäre übrigens auch noch eine Frage an Johann Baptist Metz, wie weit er diese Erfahrungen ernst nimmt oder versteht.
Das ist ein kompliziertes theologisches Problem, aber ich glaube, daß diese spitzfindigen Fragen in den wirklichen Basisbewegungen des Christentums, sei es in Nicaragua oder anderen Elendsländern, aber auch in den europäischen Initiativen im Interesse der Schöpfung keine Rolle mehr spielen. Ich sage immer, die beste Definition für Kirche, die wir heute geben können, ist die, daß sie eine „NGO" ist, eine Non Governmental Organisation. Das ist sozusagen die Gegenkraft zur herrschenden Politik, und gerade das kann weder befohlen noch vererbt werden. Das müssen Menschen selbst, freiwillig, aus eigener Kraft schaffen. Die alten Vorstellungen, daß man in die Kirche hineinwächst ohne viel Zutun, sind völlig überholt. Es ist ja nicht nur eine Krise der Kirche, sondern auch eine Krise von Schule und Familie. Diese drei wesentlichen Institutionen leiden unter derselben Krise. Die Kirche der Zukunft wird dabei sicher schwächer, ärmer, machtloser sein und, wie ich hoffe und träume, mehr Zusammenhalt in sich haben.

Trauen Sie es der gesamten Kirche und nicht nur der Basiskirche zu, daß sie - wie es Johann Baptist Metz formuliert - „Hüterin der Erinnerung" bleibt?

DS: Ja, das hat sich zum Beispiel in der Bewegung zum Thema Kirchenasyl gezeigt. Die biblische Tradition ist an diesem Punkt besonders klar. Ich wünschte, sie wäre in Fragen der Sexualität auch so klar, aber lassen wir das mal beiseite. In der Frage der hierher gekommenen Flüchtlinge, die doch kein Mensch will, ist sie sonnenklar: Gib ihnen Rechtsschutz, gib ihnen Brot, gib ihnen Obdach und so weiter. Das ist einfach großartig. Auch daß wir überhaupt noch ein Buch haben! Das ist ja schon ein Wunder in einer Welt, in der Bücher eigentlich überflüssig sind oder gerade überflüs-

sig werden, also etwas, worauf man sich zurückbeziehen kann. Ich meine das nicht in einem literalistischen Sinn, sondern in einem aufnehmenden Sinn. Andererseits ist es schwer zu sagen, ob man das der gegenwärtigen Kirche noch generell zutrauen kann. Bei der Kirche des Opus Dei oder dem anderen vielfach erwachenden christlichen Fundamentalismus, der auch in armen Ländern stärker wird, habe ich da Zweifel.
Vielleicht geht der Weg heute in einer fast religionsfrei werdenden Welt andersherum: Wir brauchen zunächst ein Verständnis dafür, daß so etwas wie Religion überhaupt notwendig ist, daß es zum Menschen dazugehört. Ich muß noch einmal Berdjajew erwähnen, der davon überzeugt ist, daß der Mensch unheilbar religiös ist. Manchmal verzweifelt man an dieser Wahrheit, aber sie steht trotzdem fest. Das Christentum der Zukunft ist von hierher zu begreifen, ein Christentum, das - wie Dietrich Bonhoeffer sagt - in ganz religionsloser Gestalt daherkommt. Ich würde deshalb auch sagen, daß dieses Christentum in den Widerstandsgruppen sichtbar wird. Ich habe in meinem Mystikbuch etwas darüber geschrieben. Was ich von Gorleben und dem gewaltfreien Widerstand dort gehört habe, beeindruckt mich. Viele oft sehr junge Menschen stellen sich dort manchmal zusammen in einen Kreis, zusammen mit einer Pfarrerin oder einem Pfarrer, aber auch ohne diese, und schweigen oder singen ein Lied oder lesen einen Psalm. Das sind religiöse Formen, gestaltet von Kids, die seit zehn Jahren keine Kirche von innen gesehen haben. Trotzdem tun sie das in dem Bewußtsein, daß die Sprache der rationalen Analyse nicht reicht, uns zu einem wirklichen Widerstand zu befähigen, zu einem Eintreten für das Leben und gegen den Tod. Das ist vielleicht ein Beispiel für „religionsloses" Christentum. Aber genauer weiß ich es nicht, was es ist, und sicher kommt es darauf an, wie weit man solche Formen und Inhalte in den eigenen Widerstand integriert.

Sie schreiben: „Mystik ist Widerstand". Gilt auch die Umkehrung dieses Satzes: „Widerstand ist Mystik"?

DS: Ja, sicher. Ich glaube, eine der wichtigsten Überlegungen in diesem Zusammenhang ist die Frage nach dem Erfolg und der Erfolglosigkeit. Ähnlich wie in der Mystik übersteigt der radikale Widerstand die Frage nach dem Erfolg und geht damit über das rein politische Denken hinaus. In der Politik macht man das, was machbar ist. Klar, da spinnt man sich nicht irgendwelches Zeug zusammen, was gar nicht möglich scheint. Anders im Widerstand, anders in der Mystik. Sicher kann man sagen „Widerstand ist Mystik", er hat einen mystischen Kern.
Die Erfolgsorientierung ist übrigens ein typisches Zeichen unserer Zeit. Ich werde immer kritischer gegenüber der Wissenschaft, und ich habe mich schon oft gefragt, ob dies eine Alterserscheinung ist. Ich spüre in mir eine tiefe Skepsis gegen die Wissenschaft mit ihrem Grenzenlosigkeitswahn, ihrer Unfähigkeit, Grenzen zu respektieren. Dabei fällt mir stets der alte Martin Luther ein, der ja gesagt hat, die Vernunft ist eine Hure, und die schläft eben mit jedem. Zur Zeit liegt sie mit der Gentechnologie und mit dem Großkapital im Bett. Das zahlt sich aus, das ist ja völlig klar, das ist das einzige Interesse, was die haben, und die Hure Vernunft macht das mit und geht in diesen Dienst. Das ist ekelhaft, und daß da nicht ein größerer Aufschrei kommt, ist doch Wahnsinn. Zum Beispiel daß uns versprochen wird, das perfekte Baby zusammenzuklonen ... Was da gedacht wird, ist atemberaubend entsetzlich.

Angesichts solcher Ideologien muß doch das Erbe des Christentums weiter tradiert werden. Wenn dabei Familie und Kirche ausfallen oder in der Krise stecken, trauen Sie dann dem Religionsunterricht in der Schule noch etwas zu?

DS: Ich würde nicht sagen, sie fallen aus. Alle drei sind in Gefahr. Ich halte es für sehr wichtig, daß es so etwas wie den Religionsunterricht noch gibt. Sicher muß er noch stärkere Freiwilligkeitsstrukturen haben, als er zur Zeit hat. Die Frage an den Religionsunterricht ist aber, wie weit da eine Spiritualität lebbar wird oder ob nur Dogmen und Stories vermittelt werden. Das ist die entscheidende Frage: Wird da noch irgend etwas anderes, etwas Lebendiges überliefert, und kann man das in der Institution Schule in jeweils nur 45 Minuten? Gerade dies wird von den beiden anderen schwächlichen Institutionen kaum mehr geleistet. Wenn die Kinder schon gar nicht mehr wissen, was beten heißt …
Ich habe da eine wunderbare Geschichte einer Freundin von mir, die Grundschullehrerin in einem ganz miesen Viertel in Hamburg ist. Vor Weihnachten sagt sie den Kindern beispielsweise: Macht mal einen Wunschzettel, Wünsche, die man nicht für Geld erfüllt bekommt, etwas, das man nicht kaufen kann. Die Kinder haben wirklich nachgedacht und dann wunderbare Sachen formuliert. Und dann sagte ich zu ihr: Weißt du eigentlich, was du tust? Und sie guckte mich etwas verdutzt an, und ich sagte: Na, das ist natürlich Gebetserziehung, was denn sonst? Das ist das, worum es eigentlich geht. Wünsche, Sehnsüchte und Hoffnungen miteinander zu teilen, das ist wichtig. Viele würden das wahrscheinlich gar nicht Religionsstunde nennen. Es ist ähnlich, wie wenn man mit den Kindern einfach eine Zwiebel in die Erde steckt und dann sagt: Jetzt guckt mal, ist schon was sichtbar? Nö, nix, sagen sie. Was nicht per Knopfdruck funktioniert, ist ja nicht da. Und dennoch gibt es viel mehr, was auch Kinder und Jugendliche miteinander entdecken können.

Die Bibel weiterschreiben – Poesie und Literatur in unserer Zeit

Poesie und Literatur sind in Ihrem Werk unübersehbar wichtig - ohne Ihre Gedichte würde man Sie auch als Theologin verkennen. In Ihrem Buch „Mutanfälle. Texte zum Umdenken" (Hamburg 1993) schreiben Sie über Nelly Sachs, Paul Celan, Heinrich Böll und andere, also Schriftstellerinnen und Schriftsteller, die immer wieder religiöse Themen berühren. Gibt es solche Literatur noch heute?

DS: Das gibt es! Vielleicht inzwischen weniger im deutschsprachigen Raum - da fallen mir außer den Leuten meiner Generation wie Kurt Marti kaum welche ein. Aber an anderen Stellen der Welt gibt es sehr viel „religiöse Literatur". In Israel zum Beispiel, aber auch natürlich in Lateinamerika. Das ist ganz andere Literatur als bei uns. Von dort bekommen wir Impulse und versuchen, es hier einzubringen. Was ich jedoch ganz schrecklich finde, ist, daß die Poesie eigentlich gar keinen Ort mehr hat. Vor kurzem ist eine Bekannte von mir gestorben, Hildegard Wohlgemut, die sehr schöne Friedensgedichte geschrieben hatte. In einer Zeitung gab es einen kleinen Nachruf, aber nirgendwo wurde ein Gedicht von ihr abgedruckt, was doch das Natürlichste von der Welt wäre. So etwas gibt es überhaupt nicht mehr. Gedichte werden nicht gedruckt in Zeitungen. Mir hat eine Frau aus den USA, die in New England aufgewachsen war, erzählt, daß sie morgens die Zeitung an sich riß, ehe ihr Vater sie erbeutete, und damit aufs Klo verschwand, um das Gedicht zu lesen, das an diesem Tag gedruckt wurde. Eine solche Geschichte ist für mich fast wie ein Mythos. Wenn eine Tageszeitung irgendwo in New England jeden Tag ein Gedicht veröf-

fentlicht - auch wenn es nicht besonders gut war -, dann ist das eine Kultur, die außer den Aktienkursen auch anderes für Wert hält.
Gedichte in Zeitungen - so etwas gibt es fast nicht mehr, jedenfalls nicht in den regionalen Zeitungen. Allenfalls in großen, überregionalen Tages- und Wochenzeitungen mit gutem Feuilleton. Die Gedichte dort sind etwas sehr Schönes. Aber auch dort sind sie außerordentlich selten. Die Lyrik wird professionalisiert: Es gibt kleine Lyrikgrüppchen, die sich gegenseitig etwas vorlesen - so ähnlich wie eine esoterische Vereinigung. Ich finde, das ist zuwenig. Die Verdrängung der Poesie aus dem öffentlichen Leben ist ein furchtbares Ereignis, und es hängt mit der Verdrängung der Religion zusammen. In beiden Fällen ist es derselbe technizistische, machtbesessene Geist, der so etwas Überflüssiges nicht braucht. Jeder Verleger sagt einem das gleiche: Gedichte „gehen nicht", werden nicht verkauft, kein Thema, jedenfalls in der Regel, kaum ein Thema. Und die politische Lyrik, die sicher noch länger populär war und die sich oft mit der religiösen Lyrik überschnitt - ich denke dabei zum Beispiel an Erich Fried - ist zur Zeit ebenso völlig verdrängt. Vielleicht muß man diesen Umstand auch nicht allzu tragisch nehmen. Ich denke, daß sich das wieder ändert, ich glaube nicht, daß es immer so bleiben wird.
Aber woran mir wirklich liegt, ist der Zwischenbereich von Poesie und Gebet. Es ist wichtig, diesen Bereich weiter zu öffnen und Menschen zu ermutigen, sich darin selbst auszudrücken. Vor einiger Zeit hat es mich sehr bewegt, als mir jemand eine Todesanzeige aus der Zeitung zugeschickt hat, in der eine Frau drei Zeilen von einem Gedicht von mir zitiert hatte, das vom Tod handelt. Ich kannte die Frau gar nicht und hatte es auch nicht von ihr persönlich bekommen. Obwohl ich also keine persönliche Beziehung zu dieser Frau hatte, bekam ich von ihr eine Art Echo - natürlich ein ganz anderes als das normale, literarische Echo. Irgendwie hatte ich dadurch das Gefühl, daß Lyrik doch

noch gebraucht wird. Wahrscheinlich ist es das, was mich daran so freut. Gedichte haben einen Sinn und sind nicht bloß belangloses Beiwerk menschlicher Kultur.

Wollen Sie, daß Ihre Gedichte in dieser Weise verstanden werden - als „Gebrauchstexte", wie ein frühes Büchlein von Ihnen heißt (Meditationen und Gebrauchstexte, Berlin 1969)?

DS: Das sollen „Gebrauchstexte" sein, ja. Das ist natürlich ein Ausdruck von Brecht - „Gebrauchstexte". Aber eigentlich sollen Gedichte zur Identifikation einladen. Ich bin unglücklich mit hermetischer Poesie. Man sucht und sucht einen Schlüssel. Hat man ihn gefunden, ist es etwas Großartiges, aber manchmal sind Gedichte so hermetisch, daß ich es wie eine antidemokratische Arroganz empfinde, wenn jemand absolut nicht verstanden werden will. Lyrik ist dann so sperrig, kommt nicht an.

Ihre Texte dagegen sind sehr konkret ...

DS: Gedichte sind dazu da, daß die Leser sich damit identifizieren: „Ach, das habe ich ja auch schon einmal empfunden, oder erlebt, oder gesehen." Oder den Leuten fallen Parallelen dazu ein. Das ist eine wichtige Funktion von Poesie, daß etwas gebündelt, geformt wird, und das dann dazu einlädt, Ähnliches in seinem eigenen Leben zu suchen. So funktioniert die Kommunikation über Gedichte, jedenfalls wünsche ich mir es, daß sie so funktioniert. Die Leser sollen nicht denken: „Ach, was die Frau Sölle doch alles für tolle Sachen erlebt!" Ich bin immer unglücklich, wenn Leute, die meine Gedichte gelesen haben, zu mir sagen: „Ja, ja, Sie können solche Sachen schreiben, weil Sie so viel reisen." Als läge es daran! Nein, man muß nur genau hinschauen, auch hier. Ich erlebe das auch in der Frauenszene, daß sich Leute an solchen Texten erbauen oder erfreuen. Man braucht solche Texte. Aber damit meine ich natürlich nicht eine vollständige Vernützlichung, einen Utilitarismus, das ist klar. In jedem Gedicht stecken immer noch Geheimnisse, liegt etwas Verborgenes. Jeder Dichter hat einen kleinen polizeiwidrigen Zettel in der Tasche - so hat es Jannis Ritsos einmal sehr schön ausgedrückt, einen kleinen polizeiwidrigen Zettel, einen Frühlingszettel.

Würden Sie sich wünschen, daß Ihre Gedichte auch außerhalb von religiös interessierten Kreisen rezipiert werden?

DS: Natürlich wünsche ich mir das, ich bedauere, daß es wenig der Fall ist. Es liegt sicher zum einen daran, daß meine Gedichte von einem sehr kleinen Verlag publiziert werden. Zum anderen muß ich sagen, daß ich in der Lyrikszene nicht besonders „in" bin - woran das liegt, weiß ich nicht genau. Meine Gedichte haben keineswegs immer etwas mit Religion zu tun. Diese Traueranzeige beispielsweise, die ich vorhin erwähnte, hatte mit Christentum gar nichts zu tun. Da war kein Wort von „entschlief", „ist eingegangen in ..." oder so etwas. Es war einfach ein Suchen nach einer anderen Sprache, die sich dann gebrauchen läßt.

In der Literaturwissenschaft im deutschsprachigen Raum findet sich kaum ein Interesse an Religion und religiöser Literatur, ganz anders als in den USA oder in Frankreich beispielsweise.

DS: Ich habe dieses Phänomen einmal beobachtet, das ist jetzt schon lange her, nämlich als ich meine Habilitation über „Realisation" schrieb (Realisation. Studien zum Verhältnis von Theologie und Dichtung nach der Aufklärung, Darmstadt 1973). Ich habe dort das Thema Verdrängung der Religion aus der Aufmerksamkeit der Literaturwissenschaft kurz erwähnt. Zu jener Zeit fand ein großer Germanistikkongreß statt. Viele Themen hießen: „Germanistik und ...". Dabei kam alles vor: Germanistik und Wetterkunde, Germanistik und Zahnheilkunde, Germanistik und Romanistik - bloß Religion fehlte. Ein riesiger Kongreß, und diese Frage wurde überhaupt nicht gestellt. Das war schon Ende der sechziger Jahre am Höhepunkt der Studentenbewegung.

Heinrich Böll war ja da noch eine Ausnahme, auch und gerade in der politischen Bewegung.

DS: Das schon, aber auch er wurde schon damals wie auch heute von den Postmodernen sehr scharf angegriffen, auch auf zynische Weise, und zwar gerade wegen seiner Religiosität. Dennoch: Böll war eine Ausnahme, denn man schätzte ihn aufgrund der moralischen Autorität, die er darstellte. Doch die literarische Kritik an Böll ist schneidend, zum Teil bösartig, und zwar wegen dieses religiösen Elements. Es ist sicher kein Zufall, daß Böll jetzt in Rußland als der deutsche Dichter ungemein bekannt ist. Er ist populär und für viele verständlich. Vielleicht ist er einer der letzten großen deutschen Erzähler - lesbarer als vieles, was heute erscheint.

Religiöse Literatur ist einerseits von der Literaturwissenschaft verpönt, andererseits tun sich weite Kreise der Theologie mit der Literatur schwer. Ihr Anliegen ist es, wie Sie in „Mutanfälle" schreiben, eine Konvergenz zwischen beiden Bereichen herzustellen.

DS: Literarisch - das ist fast ein Schimpfwort in der Theologie geworden. Etwas ist *nur* literarisch, heißt es. Ich halte eine Konvergenz von beidem wirklich für notwendig. Theologie und Literatur müssen zusammenkommen. In der Theologie wird das leichter, wo man sich von der strikt dogmatischen Methode entfernt, und das ist zum Glück, glaube

ich, ganz allgemein in der Theologie heutzutage der Fall. Wir können keine kontextfreie Theologie mehr betreiben, und zum Kontext gehören Geschichten, konkrete Geschichten von konkreten Menschen. Oft überliefert uns die Literatur solche Geschichten. Damit werden wir vielleicht auch ein bißchen jüdischer, also narrativer. Die jüdisch-christliche Theologie hat einen narrativen Kern.
Aber vielleicht ist die Theologie umkehrfähiger als die Literaturwissenschaft zur Zeit. Sie erwähnten die USA: Dort gibt es zum Beispiel Wendell Berry, ein ökologischer Poet, den ich sehr schätze. Er schreibt großartige Sachen und steht in der Tradition der neuenglischen Poesie ebenso wie der Naturpoesie. In den Staaten gibt es auch mehr Romanciers, die solche Probleme mit aufnehmen. „Religion and Humanity“- dieses Stichwort ist in den USA viel weiter verbreitet. An vielen Colleges und Universitäten geht das viel mehr zusammen. Übrigens habe ich aus Amerika auch die wichtigsten Reaktionen auf mein Buch „Realisation“ bekommen, in dem es ja genau um diese Fragen geht. Aber auch die russische Literatur beispielsweise ist voll von religiösen Ansätzen und Versuchen - es ist sehr interessant, was es dort Experimentelles gibt. So weit ich sehe, gibt es ähnliche Tendenzen in der ungarischen und polnischen Literatur. Dort arbeitet man literarisch sehr viel mehr an grundsätzlichen Fragen. Das totale Abschneiden von jeder Metaphysik halte ich für den Tod der Poesie.

Wie kann das narrative Element mit dem theologischen zusammenkommen?

DS: Die Theologie verweist uns immer auf Empirie. Die Hoffnung hat zwei Beine: ein metaphysisches und ein empirisches. Wenn sie nicht hin und wieder ein kleines empirisches Stückchen Land sichtet, stirbt sie ab. Andererseits braucht sie auch das metaphysische Bein, damit sie,

wenn nichts Positives zu sehen ist, trotzdem die Verheißung stark macht, daß die Hoffnung noch existiert. Dieses Zusammenspiel interessiert mich am meisten. Meine Hoffnung geht natürlich über die empirische Geschichte, die ich erzählen kann, hinaus. Ich benutze sie nur als eine kleine Geschichte.
Zum Beispiel: Ein Blinder wurde geheilt. Das heißt natürlich nicht, daß Jesus die ägyptische Augenkrankheit besiegt hätte. Die ersten Christen fanden sich in einer Gruppe von Menschen zusammen, die anders lebten, die diese Ermutigungsgeschichten oder Hoffnungsgeschichten sammelten. Solche Mutmachgeschichten habe ich vielfach poetisch bearbeitet. Mir geht es oft schlicht und einfach so, daß ich etwas lese und es festhalten möchte. Ich möchte Geschichten, die ich höre, rahmen, möchte irgendwie sagen: „Guckt mal, da ist etwas Wichtiges geschehen!" Aus der entsetzlichen Flut der Informationen will ich Geschichten herausnehmen und sagen, hier war etwas Besonderes. Genau das tut ein Gedicht. Manchmal ist es gar nicht sehr viel mehr, als einen kleinen Rahmen um ein Foto zu machen. Ein Gedicht hilft mir gegen das Vergessen, gegen das Weggeschwemmt-Werden. Ein Gedicht verteilt ein Stück von Hoffnung. Das sind sozusagen kleine „Mutanfälle", Hoffnungsgeschichten. Ich habe hier in meinem Haus eine ganze Mappe solcher Hoffnungsgeschichten, die ich sammle und aus denen ich eines Tages etwas machen will. Ich nenne das oft: Die Bibel weiterschreiben – die Bibel nicht als ein fertiges Kompendium begreifen. Beispielsweise die Geschichten des Evangeliums: Nicht zu sagen, das war damals, und heute ist das eben nicht mehr so, sondern sich den Blick der Evangelisten vorgeben lassen, das finde ich eine Hilfe, um dann wieder auf unsere Realität zu sehen.

Hoffnungsgeschichten sammeln

Hoffnung ist für Sie nicht nur eine innerliche Sache, wie es oft in Sonntagspredigten nahegelegt wird. Hoffnung ist dokumentiert in Zeitungsschnipseln …

DS: Ich erinnere mich an eine Schulklasse, die einmal verhindert hat, daß drei Bäume abgeschlagen wurden. Die Kinder haben die Bäume umzingelt und Briefe an die Bäume geschrieben. Solche Geschichten finde ich unglaublich schön. Das ist für die Betroffenen selber eine Ermutigung, aber auch für mich, für uns, wenn so etwas gelingt. Eines meiner Lieblingsbeispiele ist das von den Göttinger Dosen-Schulkindern. Sie haben Dosen im Stadtgebiet gesammelt und an das Göttinger Rathaus gehängt. Eine phantastische Geschichte! Die Schüler haben erkannt, was mit den Dosen alles kaputt gemacht wird. Daraufhin sind sie auf ihre Lehrer zugegangen und sagten, wir möchten das genauer wissen, und wir möchten ein Projekt machen. Das ist natürlich das Beste, was einem Lehrer je passieren kann, nämlich angefragt und von den Schülern gebraucht zu werden. Also nicht nur, Wissen in die jungen Menschen hineinzustopfen. In diesem Projekt haben sie versucht, mit den Getränkehändlern zu reden. Die haben sie nur ausgelacht, das wäre nicht möglich. Frauen, die die Glasflaschen spülen würden, könnten wir gar nicht einstellen, das sei viel zu teuer und so weiter - die übliche Diskussion. Doch die Schüler ließen nicht locker und machten sich einen Spruch als Motto zu eigen: „Wir wollen keine Lollies, wir wollen Luft zum Atmen!" Herrlich. Und so haben sie schließlich die Dosen gesammelt, zwanzigtausend Dosen. Unterdessen waren sie nicht mehr nur eine einzelne Schulklasse. Die ganze Schule hat mitgemacht, dann mehrere Schulen. Am Ende wurde, wie gesagt, das Göttinger Rathaus vollgehängt mit alten Dosen. Das Ganze schwappte sogar nach Hannover über. Göttingen ist, soweit ich weiß, an den Schulen mittlerweise dosenfrei. Solche Bürgerbewegungen sind eigentlich Mutgeschichten. In diesem Sinne gibt es auch zahlreiche Geschichten der Gewaltfreiheit, die man ausgraben kann. Dort, wo Menschen gegen den Zeitgeist erkannt haben, daß man eben nicht einfach dreinschlagen kann, Bomben abwerfen, und dann sei alles gut. Dort, wo es noch idealistische Träume in der Friedensbewegung gibt. Dort, wo jemand versucht, sich zu versöhnen. Es ist nicht leicht, solche Geschichten theologisch ernst zu nehmen. Man zieht sich gerne ins Kloster zurück, wo man nicht den täglichen Schrecknissen der Nachrichten ausgesetzt ist. Aber ich finde es sehr wichtig, sich die Realitätswahrnehmung nicht völlig vorgeben zu lassen, sondern die Zeitungen gegen den Strich zu lesen.

In Ihrer Literatur haben Sie oft solche Hoffnungs-, aber auch Leidensgeschichten zu Gedichten und Gebeten verdichtet. Auch in Ihren theologischen Büchern - ich denke an Ihr frühes Werk „Leiden" (Stuttgart 1973) bis hin zu dem späteren „Es muß doch mehr als alles geben. Nachdenken über Gott" (Hamburg 1992) - beginnen Sie theologische Reflexionen vielfach mit einer Geschichte.

DS: Mein Wunsch ist es, das Erfahrene mitzuteilen. Das versuche ich in meinen Gedichten ebenso wie in meinen theologischen Schriften. Beten und Dichten gehören für mich zusammen. Gedichte und Gebete sind keine Alternativen. Sowohl im Gedicht wie auch in religiösen Texten kommen die Erfahrungen der Menschen zum Ausdruck. Ich möchte andere dazu ermutigen, selber sprechen zu lernen. Jeder Mensch kann beten - das heißt auch: Jeder Mensch ist ein Dichter. Das wieder bekannt zu machen ist ein Ziel, das ich mit meinen Texten verfolge.

Wenn ich jemandem begegnet bin oder von dem Schicksal eines Menschen erfahren habe, hege ich oft den Wunsch, das Erfahrene aufzuschreiben, für mich selbst zu formen und zu klären. Solche aufgeschriebenen Geschichten bilden den Ausgangspunkt für weitere Gedanken. Mein Buch „Leiden" beginne ich beispielsweise mit der Geschichte einer mir bekannten bayerischen Frau aus einem kleinen bayerischen Dorf, die von ihrem Mann gequält und geschlagen wird. Die konkrete Leidens- und Ohnmachtsgeschichte dieser Frau wird zum Ausgangspunkt meiner Überlegungen über christlichen Masochismus, die mich zu einer Kritik des Apathie-Gedankens in der christlichen Tradition führen. Das heißt, ich will das, was jetzt da ist, aufmerksam wahrnehmen, ich will aufmerksamer leben und will andere ermutigen, die eigene Wahrnehmung ernster zu nehmen.
Die stärkste antimystische Macht ist die Macht der Trivialisierung. Dann, wenn man immer sagt, das kennen wir schon, das wissen wir schon, das ist sowieso nichts und das machen andere auch so, was willst Du eigentlich damit und so weiter. Die gesamte Warenwelt drängt ja zu einer solchen Trivialisierung. Das ist auch, glaube ich, eine der größten Gefahren im Leben von Frauen, daß sie in eine Trivialisierung hineingedrängt werden, also schon ganz früh etwa in die Trivialisierung der Hausfrauenexistenz, die Abrichtung dazu: „Das Interessantere ist eben nicht für dich." Da finde ich, daß das poetische Denken, das an bestimmten Erfahrungen festhalten will, um diese dann zu reflektieren und um bestimmte Erfahrungen zu empfinden und zu durchleben, sicher eine Sache ist, die uns freier macht vom Alltag und uns Horizonte eröffnet. Da ist tatsächlich etwas Poetisches und etwas Religiöses dabei: ein Stück gelebtes Leben und ein Stück Transzendenz. Man geht dadurch aus Gewohnheit und Funktionalismus heraus.

Kommt es also auf eine verzögerte Wahrnehmung an?

DS: Auf eine intensivierte Wahrnehmung, würde ich sagen. Man will jemandem intensiv zuhören, man will genauer hinsehen. Man will die Spuren lesen, die Spuren Gottes unter den Menschen. Das kann auch irgendein Bild sein, irgendein Foto aus der Zeitung. Neulich beispielsweise habe ich so ein grauenvolles Foto gesehen: zwei sehr hochgewachsene Soldaten, von denen man nur die Helme sieht, und ein winziger Bettlerjunge, der ihnen die Schuhe putzt. Das ist so demütigend. Der Junge war schwarz, also wahrscheinlich Afrikaner. Man sieht an dem Foto, wer etwas wert ist und wer nichts wert ist, wer zur Schule gehen darf und wer nicht. Das ist alles, was unsere Welt wirklich ausmacht. Ich habe einen Moment überlegt, ob ich dazu etwas schreiben sollte. Manchmal hebe ich mir so etwas auf und denke dann später noch einmal darüber nach. Ich will es festhalten. Aber es ist natürlich noch viel schwerer, Hoffnungsgeschichten zu finden. Auf jeden Fall ist es wichtig, eine Aufmerksamkeit dem Leben gegenüber zu entwickeln, also auch gegenüber dem Alltag.

Ihr Sprachstil ist vielfältig: Gedichte mischen sich bisweilen unter essayistische Texte und dichte theologische Reflexionen. Ist das Ihr Programm?

DS: In den vergangenen Jahren habe ich mir angewöhnt, bei Vorträgen Pause zu machen und ein Gedicht zu lesen. Fast immer habe ich ein gutes Echo darauf bekommen. Leute, die wahrscheinlich nicht zu einer Lyriklesung gingen, hören auf einmal etwas anderes und denken darüber nach. Dadurch stellt sich eine Stille ein, die sehr, sehr tief empfunden wird. Ich weiß auch nicht genau, wie ich darauf gekommen bin. Ich glaube, es war im Zusammenhang mit Bibelarbeiten, die ich gemeinsam mit meiner Freundin Luise Schottroff für den Kirchentag gemacht habe. Dabei habe ich immer wieder Einschnitte gemacht und Gebete oder Meditationen zwischen die Reflexionen geschoben. In so einer Mischform kommt einiges zusammen, was für mich wichtig ist.

Ist Theologie als Rede von Gott bei Ihnen immer auch Anrede Gottes, reden mit Gott?

DS: Ja. Ich habe große Schwierigkeiten mit dem Reden *über* Gott. Ein Buch von mir lautet: „Gott denken. Einführung in die Theologie“ (Stuttgart 1990). Bei der Übersetzung ins Englische wurde der Titel mit „Thinking about God“ übertragen. Daraufhin habe ich bei dem entsprechenden Verlag angerufen und gesagt, das mit dem „über“ ist ja schrecklich, und bekam eine lange Rede gehalten, daß das „about“ im Englischen etwas anderes bedeute. Ich habe mich hier dann schließlich geschlagen gegeben, mein englisches Sprachgefühl ist vielleicht nicht so stark ausgeprägt. Daran habe ich jedoch gemerkt, wie sehr ich mich gegen das „über“ Gott denken wehre. Das kommt übrigens von Heidegger, der dieses „über“ sehr scharf angegriffen hat. „Über“ etwas zu sprechen ist für ihn das Gerede über dies und über jenes, während Gott denken eine ganz andere Sache ist, eine ganz andere Beziehung voraussetzt und bedeutet.

Welche Art von Gottesbeziehung halten Sie heutzutage für tragfähig?

DS: Wir haben an früherer Stelle in diesem Gespräch über die Frage nach Gott und dem Leiden gesprochen. Daran anschließend glaube ich schon, daß man einerseits - im Sinne von Johann Baptist Metz - an der möglichen Macht Gottes festhalten muß, daß man andererseits aber auch Gottes Weinen und Gottes Ohnmacht denken muß. Man muß das beides, glaube ich, irgendwie zusammenkriegen. Wie, ist mir auch nicht ganz klar. Aber jedenfalls sind beide Elemente wichtig, wobei das eine ohne das andere absterben würde. Bei ersterem würde eine kalte Theologie übrigbleiben, in der Gott eben der Allmächtige ist und den Menschen nicht braucht. Bei letzterem, wenn Gott nur der

Leidende ist, bliebe nur Hoffnungslosigkeit und Verzweiflung übrig. Metz hat mir einmal einen Satz gesagt, den ich bis heute im Ohr und im Herzen habe, und der mir ganz wichtig ist: Die direkte Anrede an Gott ist die einzig erlaubte. In gewissem Sinne versuche ich das auch immer wieder, nämlich Gott zu fragen trotz allem, was geschieht und trotz aller scheinbaren Antwortlosigkeit Gott dieses Trotzdem entgegenzuhalten. Wenn ich Gott beschimpfe oder ihn befrage, ihn bedränge, dann wird Gott zum „Allermitteilsamsten", wie Meister Eckhart so schön sagt. Diese Anrede an Gott ist eine ganz andere Art der Gottesbeziehung als die der Logos-Sprache. Vielleicht können beide Möglichkeiten, die der Allmacht und die des Leidens Gottes, in der Anrede bestehen. In der Logos-Sprache jedoch bleibt es ein unauflösbares Paradox.
Die Sprache der Mystik geht viel tiefer. Die Mystik hat bestimmte Sprachformen dafür entwickelt, wie man etwas Unaussprechliches besprechen kann. Eine davon ist ganz sicher das Paradox. Die Negation, es ist nicht dies, es ist nicht das, es ist anders als dieses, es ist anders als jenes, es ist noch viel schöner als alles andere und so fort. Das ist eine sehr schöne Sprachform. Man sieht etwas und springt dann aber davon weg.
Ich finde übrigens bei den großen Theologen, bei Karl Rahner, aber auch bei Helmut Gollwitzer und Karl Barth, die mir theologisch an manchen Stellen sehr problematisch sind, die Gebete unwahrscheinlich schön. Da ist soviel Nähe wieder da, da ist das erreicht, was ihre Theologie letztlich will. Diese Theologen haben ihre Gebete immer ein wenig versteckt, die direkte Anrede kommt irgendwie zu kurz. Barth hat Gebete mit Gefangenen gesprochen, er ging in Basel zu ihnen ins Gefängnis. Etwas Ähnliches habe ich übrigens in Basel auch erlebt. Ich hatte einen Lehrauftrag und hielt eine größere Vorlesung. Am letzten Tag hatten sich die zweihundert Hörer irgendwie heimlich verabredet, und jeder brachte eine Blume mit. Das war ein Blumenmeer – und am

nächsten Tag wollte ich nach Hause fahren. Ich dachte, was mache ich denn jetzt mit den vielen Blumen? Da kam ein Freund zu mir, ein Arzt, und sagte: „Weißt du was, wir gehen ins Gefängnis und bringen die Blumen den Gefangenen." Und tatsächlich, es war abends um sieben, sind wir, vier Menschen, mit Blumen bedeckt, in das nicht sehr weit entfernte Gefängnis in der Stadtmitte Basels gegangen. Die Gefangenen waren in Untersuchungshaft. Natürlich waren die Wärter sehr verblüfft, aber mein Freund hat ihnen alles auf Basel-Deutsch erklärt. Wir haben die Blumen in den Gefängnishof gestellt. Es war so schön, wie wir da mit den Blumen rumzogen und sie ins Gefängnis brachten. Es war, als brächten wir Gebete.
Viel habe ich dazu auch von Gustavo Gutiérrez, dem lateinamerikanischen Befreiungstheologen, gelernt. In seinem Buch über Hiob (Ijob - von Gott sprechen in Unrecht und Leid, Mainz 1988) schreibt er, die eigentliche Stärke von Hiob sei die, daß er Gott nicht losläßt, auch wenn er ihn verflucht oder beschimpft. Er gibt ihn trotzdem nicht auf. Gutiérrez beschreibt dies als eine mystische Position dem Leiden gegenüber, und das ist sicher auch eine ganz jüdische Position.

Wir, mehrere Generationen später geboren, haben Sie befragt, um das Anliegen Ihrer Theologie und Literatur aufzunehmen und weitergeben zu können. Was geben Sie uns und den Leserinnen und Lesern mit?

DS: Eigentlich habe ich nichts anderes weiterzugeben als das, was ich auch meinen Kindern einmal geschrieben habe. Für den Rundfunk sollte ich vor Jahren einen Brief an meine Kinder formulieren. Darin erinnerte ich an eine Szene, die sich auf einer der vielen Reisen zugetragen hatte. Wir besuchten eine Kirche, eine ziemlich häßliche, und eines meiner Kinder sagte spontan: „Ist kein Gott drin." Meinen

Kindern schrieb ich: Genau das soll in eurem Leben nicht so sein, es soll „Gott drin sein", am Meer und in den Wolken, in der Kerze, in der Musik und, natürlich, in der Liebe. In den Wolken, der Kerze, der Musik und in der Liebe.

Biographische Notiz

30.9.1929	Dorothee Nipperdey wird nach den Brüdern Carl, Otto und Thomas und vor der Schwester Sabine in Köln geboren. Schulzeit, von der Evakuierung unterbrochen, in Köln.
ab 1949	Studium der Philosophie und alten Sprachen in Köln und Freiburg.
1951	Wechsel zur Evangelischen Theologie und Germanistik in Göttingen
1954	Staatsexamen. Heirat mit dem Maler Dietrich Sölle. Die Ehe wird 1964 geschieden. Literaturwissenschaftliche Dissertationen „Untersuchungen zur Struktur der Nachtwachen von Bonaventura".
1954–160	Religions- und Deutschlehrerin am Mädchen-Gymnasium in Köln-Mühlheim.
1956	Sohn Martin geboren.
1957	Tochter Michaela geboren.
ab 1960	Arbeit für Rundfunk und Zeitschriften zu theologischen und literarischen Themen.
1961	Tochter Caroline geboren.
1962–1964	Assistentin am Philosophischen Institut der Technischen Hochschule Aachen.

1964–1967	Studienrätin im Hochschuldienst am Germanistischen Institut der Universität Köln.
1968–1972	Politische Nachtgebete in Köln.
1969	Heirat mit dem ehemaligen Benediktinerpater Fulbert Steffensky
seit 1970	Mitglied des P.E.N.-Zentrums der Bundesrepublik Deutschland.
1970	Tochter Mirjam geboren.
1971	Habilitation an der Philosophischen Fakultät der Universität Köln.
1972–1975	Lehrauftrag an der Evangelisch-Theologischen Fakultät der Universität Mainz.
1974	Theodor-Heuss-Medaille.
1975–1987	Professorin für Systematische Theologie am Union Theological Seminary in New York.
1977	Theologischer Ehrendoktor der Faculté Protestante, Paris.
1981	Stipendium des Lessing-Preises, Hamburg.
1982	Droste-Preis für Lyrik der Stadt Meersburg.
1985/1988	Ziviler Ungehorsam vor dem Pershing-II-Raketendepot in Mutlangen und dem US-Giftgasdepot Fischbach. Wegen „Nötigung“ verurteilt.

1990	Ridder van Sint Joris, Brüssel
1991-1992	Gastprofessorin an der Evangelisch-Theologischen Fakultät der Universität Basel.
1994	Ehrenprofessorin der Universität Hamburg.
1996	Salzburger Landespreis für Zukunftsforschung (Robert-Jungk-Institut).
1997	Ehrendoktor der Episcopal Divinity School, Cambridge, Massachusetts.

Leseanregungen zu Dorothee Sölle
(Auswahl aus dem Gesamtwerk)

Fliegen lernen (Berlin 1979).
Spiel doch von Brot und Rosen (Berlin 1981; Neuauflage 1998).
Verrückt nach Licht (Berlin 1984).
Zivil und ungehorsam (Berlin 1990).
Die poetische Dorothee Sölle: Gedichte über lieben, singen, scheitern, Unrecht erleiden und Glück finden.

Atheistisch an Gott glauben
(Solothurn 1968; Neuauflage München 1984).
Paradoxer Titel, oft mißverstanden: eine Korrektur der lebensfeindlichen Vorstellung, Gott sei rein überweltlich und nur metaphysisch zu begreifen.

Leiden (Stuttgart 1973; Neuauflage Freiburg 1993).
Intensive Auseinandersetzung mit Leid und Leiden, mißlungenen und gelungenen Versuchen, mit ihm zu leben. Geht von konkreten Leidenssituationen aus und gelangt auf neuen Wegen neben abstrakter und dogmatischer Theologie zum Bild eines mitleidenden Gottes.

Die Hinreise. Zur religiösen Erfahrung. Texte und Überlegungen. (Stuttgart 1975).
Gesammelte, ernsthaft durchlebte Erfahrung: das Medium der Religion. Ein „Erfahrungsbuch"- Lieblingsbuch vieler Theologen und Nichttheologen.

Stellvertretung. Ein Kapitel Theologie nach dem „Tode Gottes". (Stuttgart 1965, Neuauflage 1982).
Nachfolge Jesu Christi unter heutigen Bedingungen, also

nach der Aufklärung und angesichts trügerischen Fortschritts - eine scharfsinnige und herausfordernde Auseinandersetzung mit der zentralen Frage christlicher Existenz heute.

Lieben und arbeiten: eine Theologie der Schöpfung. (Stuttgart 1985; Neuauflage Hamburg 1999)
Weit mehr als eine Antwort auf die ökologische Krise. „Klassische" theologische Themen und Begriffe reflektiert an Erfahrungen von heute: Gottebenbildlichkeit, Sünde, Liebe, Gottesherrrschaft, Erlösung - leicht zugänglich durch eine anschauliche Sprache.

Und ist noch nicht erschienen, was wir sein werden. Stationen feministischer Theologie (München 1987).
Hinwendung zur feministischen Theologie - ein Beitrag gegen die männlich geprägte abstrakte Art, Theologie zu treiben.

Das Fenster der Verwundbarkeit. Theologisch-politische Texte. (Stuttgart 1987).
Dokumente zu Dorothee Sölles politisch-theologischem Engagement für Gerechtigkeit, Frieden, Bewahrung der Schöpfung. Entwirft Konturen eines weiblichen Gottesbildes und enthält überraschende Bibelauslegungen.

Welches Christentum hat Zukunft? Dorothee Sölle und Johann Baptist Metz im Gespräch mit Karl-Josef Kuschel (Stuttgart 1990).
Zwei verschiedene Stile Politischer Theologie im gemeinsamen Ringen um ein Thema: die Zukunftsfähigkeit der Kirche. Ein Gespräch anläßlich des 60. Geburtstags von Dorothee Sölle.

Gott denken. Einführung in die Theologie.
(Stuttgart 1990; Neuauflage München 1997).

Es muß doch mehr als alles geben. Nachdenken über Gott. (Hamburg 1992; Neuauflage München 1995).
Zwei jüngere theologische Bücher, zusammen eine kleine „Summa theologiae" Dorothee Sölles. Greift alle zentralen systematisch-theologischen Themen auf und führt sie in erfrischender, erfahrungsgesättigter Sprache weiter.

Hannas Aufbruch. Aus der Arbeit feministischer Befreiungstheologie: Bibelarbeiten, Meditationen, Gebete (zusammen mit Luise Schottroff; Gütersloh 1990).
Beispielhaft für Dorothee Sölles engagierten, befreienden Umgang mit der Bibel - läßt alte Texte lebendig werden.

Die Sowohl-als-auch-Falle. Eine theologische Kritik des Postmodernismus (zusammen mit Kuno Füssel und Fulbert Steffensky; Luzern 1993).
Kleiner, wie Dorothee Sölle es selbst nennt, „frecher" Essay über postmoderne Toleranz, den Schlaf der Vernunft und die zunehmende Ästhetisierung der Lebenswelt.

Mutanfälle. Texte zum Umdenken
(Hamburg 1993; Neuauflage München 1997).
Reflexionen über wichtige Themen des ausgehenden 20. Jahrhunderts: Ozonloch, multikulturelle Gesellschaft, Kirchenträume, Patriarchat, Leben und Lehre der Armen sowie über religiöse Literatur.

Gewalt. Ich soll mich nicht gewöhnen (Düsseldorf 1994).
Deutungen der Gewalt, Wege zu ihrer Unterbrechung und zur Entwöhnung von ihr - geschrieben zur Zeit der Gewaltwelle in den neunziger Jahren.

Gegenwind. Erinnerungen (Hamburg 1995).
Theologie und Biographie gehören eng zusammen - für Dorothee Sölle gilt dieser Satz allemal. Ein autobio-

graphischer Blick auf ihr Leben - wertvoll auch jenseits biographischer Interessen.

Das Eis der Seele spalten. Theologie und Literatur in sprachloser Zeit (Theologie und Literatur 5, Mainz 1996).
Sammlung der wichtigsten Literaturinterpretationen Dorothee Sölles.

Mystik und Widerstand. „Du stilles Geschrei" (Hamburg 1997).
Ein spätes Hauptwerk Dorothee Sölles, jahrelang vorbereitet. Greift die mystischen Traditionen von Christentum, Judentum, Islam und östlichen Religionen auf - ein Wegbegleiter für Leben und Glauben in der heutigen Zeit.